WHO'S AFRAID OF PREPOSITIONS? 2

ISRAEL JELIN

WHO'S AFRAID OF PREPOSITIONS? 2

regência nominal
regência verbal

DISAL
EDITORA

Preparação de texto: Adriana Moretto/Verba Editorial
Revisão: Gabriela Morandini

Capa: Rosana Martinelli
Projeto gráfico e diagramação: Verba Editorial

Dados Internacionais de Catalogação na Publicação (CIP)
(Câmara Brasileira do Livro, SP, Brasil)

Jelin, Israel
Who's afraid of prepositions?, 2 / Israel Jelin. — Barueri, SP : DISAL, 2010.

ISBN 978-85-7844-066-4
1. Inglês — Gramática 2. Inglês — Preposições. I. Título.

10-11693 CDD-425

Índice para catálogo sistemático:
1. Preposições : Inglês : Linguística 425

Bantim, Canato e Guazzelli Editora Ltda.

Alameda Mamoré 911 – cj. 107
Alphaville – BARUERI – SP
CEP: 06454-040
Tel. / Fax: (11) 4195-2811
Visite nosso site: www.disaleditora.com.br
Televendas: (11) 3226-3111

Fax gratuito: 0800 7707 105/106
E-mail para pedidos: comercialdisal@disal.com.br

Introdução

Assim define regência o dicionário Houaiss: "relação de dependência entre duas palavras numa construção, na qual uma (a regida) complementa a outra (a regente)".

Neste livro, serão abordados dois tipos de regência: a nominal e a verbal.

A nominal diz respeito à relação entre um substantivo, adjetivo ou advérbio e os termos que eles regem. Tal relação se estabelece sempre através de uma preposição. Exemplos:

> ***access to*** (acesso a), ***exasperated at*** (irritado com), ***grief at*** (dor por)

Não há, no âmbito da gramática inglesa, um termo técnico específico para o que nós chamamos de regência nominal. Tais casos são genericamente referidos como *nouns, adjectives and adverbs followed by prepositions*.

A regência verbal estabelece uma relação entre os verbos e os objetos indiretos que complementam os seus sentidos, por meio de preposições. Aqui cabe fazer uma distinção entre *prepositional verbs* e *phrasal verbs*.

Como o próprio nome sugere, um *prepositional verb* é um verbo seguido de uma preposição, a qual não lhe altera o sentido nem lhe atribui um significado especial. Exemplos:

approve ***of***, listen ***to***, ***depend on***

Já um *phrasal verb* tem a mesma aparência de um *prepositional verb*, mas com uma fundamental diferença. A partícula (e não a preposição) que se segue ao verbo muda o seu significado original, conferindo-lhe um novo significado. Observe:

call = chamar / call ***off*** = cancelar
put = pôr / put ***up with*** = suportar
look = olhar / look ***for*** = procurar

Há um sem-número de sites que abordam as diferenças entre *phrasal verbs* e *prepositional verbs*. Eis alguns deles:

<http://www.bbc.co.uk/worldservice/learningenglish/grammar/learnit/learnitv54.shtml>

<http://languagestudy.suite101.com/article.cfm/prepositional_verbs_and_verb_phrase_complements>

<http://www.ompersonal.com.ar/omphrasal/aboutphrasalverbs.htm>

<http://www.perfectyourenglish.com/grammar/phrasal-verb-prepositional-verb.htm>

<http://grammar.ccc.commnet.edu/grammar/verbs.htm#phrasal>

Os *phrasal verbs* não serão aqui estudados.

REGÊNCIA NOMINAL

A

ABSENT FROM

ausente

*Roger Federer will be **absent from** the European Open this year.*
Roger Federer estará ausente do Aberto da Europa neste ano.

ABSORBED IN

absorto, concentrado

*She was so **absorbed in** her painting that she didn't see them come in.*
Ela estava tão absorta em sua pintura que não os viu entrar.

ABSTINENCE FROM

abstinência

*He preached total **abstinence from** alcoholic drinks.*
Ele pregava a total abstinência de bebidas alcoólicas.

ABUZZ WITH

alvoroçado

*Soon the restaurant was **abuzz with** rumors of conspiracies involving the armed forces.*
Logo o restaurante estava fervendo com os boatos sobre uma conspiração envolvendo as forças armadas.

ACCESS TO

acesso

*After the earthquake very few people in Tahiti had **access to** electricity.*
Depois do terremoto muito poucas pessoas no Taiti tinham acesso à eletricidade.

ACCESSION TO

ascensão

*Pedro II's **accession to** the throne took place in 1841.*
A ascensão ao trono por parte de Dom Pedro II deu-se em 1841.

adesão

***Accession of** Turkey to the European Union has been under discussion since 2005.*
A adesão da Turquia à União Europeia está em discussão desde 2005.

ACCOUNTABLE FOR

responsável

*Principals are **accountable for** the kind of education their schools provide.*
Os diretores de escola são responsáveis pelo tipo de educação que suas escolas proporcionam.

ACCUSTOMED TO

acostumado, habituado

*I'm not **accustomed to** being followed by autograph hunters.*
Não estou acostumado a ser perseguido por caçadores de autógrafos.

ACQUAINTED WITH

familiarizado, a par, inteirado

*Are you **acquainted with** this new surgical technique, Doctor Fränke?*
O senhor está familiarizado com esta nova técnica cirúrgica, Doutor Fränke?

ADJACENT TO

adjacente, próximo, ao lado

*On their way to Chicago they stayed at a motel **adjacent to** the highway.*

A caminho de Chicago eles se hospedaram num hotel à beira da estrada.

ADRIFT OF

atrás de

*In the last round Vasco da Gama and Cruzeiro were two points **adrift of** Palmeiras.*
Na última rodada, o Vasco da Gama e o Cruzeiro estavam dois pontos atrás do Palmeiras.

AFFINITY WITH

afinidade

*I feel a strong **affinity with** them.*
Sinto uma forte afinidade com eles.

AFFLICTED WITH

aflito, sofredor

***Afflicted with** shame, he resigned his post.*
Morto de vergonha, ele renunciou.

*The leaflet contained information for those **afflicted with** epilepsy.*
O folheto continha informações para as pessoas que sofrem de epilepsia.

AFFRONTED AT/BY

ofendido, insultado

*He felt **affronted at** her frankness.*
Ele se sentiu ofendido com sua franqueza.

AFRAID OF

com medo

*She's **afraid of** snakes.*
Ela tem medo de cobra.

AGGRIEVED AT

magoado, ofendido

*Naturally we were **aggrieved at** the treatment we had received.*
Naturalmente nós ficamos magoados com o tratamento que recebemos.

AGHAST AT

horrorizado, escandalizado

*We were all **aghast at** the brutal manner she treated her children.*
Nós todos ficamos horrorizados com a maneira brutal com que ela tratava os filhos.

AKIN TO

semelhante, parecido

*In those days Protestantism was something **akin to** treason to the Crown.*
Naquela época o protestantismo era algo semelhante à traição à Coroa.

ALIVE WITH

repleto de

*Soon the hotel lobby was **alive with** reporters and photographers.*
Logo o saguão do hotel ficou repleto de repórteres e fotógrafos.

ALLUSION TO

alusão, insinuação

*In his speech he made no **allusion to** the incident.*
Em seu discurso ele não fez nenhuma alusão ao incidente.

ANALOGOUS TO

análogo

*Animals show reactions which are **analogous to** those of humans.*
Os animais têm reações análogas às dos humanos.

ANGRY WITH/AT

zangado, bravo

*'Are you **angry with** me, dear?' 'No, I'm **angry at** the mess you're making in the kitchen.'*

"Você está zangada comigo, querida?" "Não, estou brava com a bagunça que você está fazendo na cozinha."

ANNOYED WITH

aborrecido

*It's probably not you he's **annoyed with**.*

Provavelmente não é com você que ele está chateado.

ANTIPATHY TO/TOWARDS

antipatia, hostilidade

*I do feel a profound **antipathy to** his ideas of racial superiority.*

Eu sinto uma profunda antipatia por suas ideias de superioridade racial.

ANTITHETICAL TO

antitético, contrário

*His political platform is seen as **antithetical to** the very notion of democracy.*

Sua plataforma política é vista como contrária à própria noção de democracia.

ANXIOUS ABOUT

ansioso, apreensivo, nervoso

*We were all very **anxious about** the election.*
Nós todos estávamos muito preocupados com a eleição.

APART FROM

exceto, além de

*Nobody's ever been there **apart from** Mr. Owen.*
Ninguém nunca esteve lá, com exceção do senhor Owen.

APATHETIC ABOUT

apático, indiferente

*How can you be so **apathetic about** what happened?*
Como você pode ficar tão apático com o que aconteceu?

APATHY TOWARDS

apatia

*Everybody in that town showed a certain **apathy towards** local politics.*

Todo mundo naquela cidade demonstrava certa apatia em relação à política local.

APPLICABLE TO

aplicável

*These regulations are **applicable to** all foreign citizens.*
Estas normas se aplicam a todos os cidadãos estrangeiros.

APPLICANT FOR

candidato

*We have interviewed 28 **applicants for** the job this week!*
Nós entrevistamos 28 candidatos ao emprego só nesta semana!

APPLICATION TO

requerimento de matrícula em universidade

*Harvard receives thousands of **applications** every year.*
Harvard recebe milhares de requerimentos de matrícula todos os anos.

aplicação, empenho

They have shown great ***application to*** *their work.*
Eles demonstraram grande aplicação ao seu trabalho.

APPOSITE TO

relevante, pertinente

His observations are undoubtedly ***apposite to*** *the present discussion.*
As observações dele são sem dúvida pertinentes à presente discussão.

APTITUDE FOR

aptidão

He's never had any ***aptitude for*** *mathematics.*
Ele nunca teve nenhuma aptidão para a matemática.

ARDOR FOR

ardor, entusiasmo

One could see that his ***ardor for*** *the cause had cooled.*
Dava para notar que o seu grande entusiasmo pela causa havia esfriado.

ARRIVAL AT/IN

chegada

*Barack Obama's **arrival at** the White House was celebrated all over the world.*
A chegada de Barack Obama à Casa Branca foi comemorada no mundo todo.

*Beyoncé's **arrival in** São Paulo was preceded by enormous publicity.*
A chegada de Beyoncé a São Paulo foi precedida de enorme publicidade.

ASCRIBABLE TO

atribuível

*Learning involves changes that are not simply **ascribable to** the process of growth.*
A aprendizagem envolve mudanças que não se devem simplesmente ao processo de crescimento.

ASPIRATION FOR

aspiração, desejo

*You cannot stop people's **aspiration for** a better future.*
Não se pode impedir que as pessoas aspirem a um futuro melhor.

ATTACHED TO

apegado

*The boy was very **attached to** his dog.*
O menino era muito apegado ao seu cachorro.

anexo

***Attached to** this message is our card wishing you Merry Christmas and Happy New Year!*
Anexo a esta mensagem segue nosso cartão de Feliz Natal e Próspero Ano-Novo!

ATTACK ON

ataque

*At 4 a.m. the captain launched a massive **attack on** the village.*
Às 4 da manhã o capitão lançou um ataque maciço à aldeia.

ATTRIBUTABLE TO

atribuível

*Those climatic disasters are **attributable to** El Niño.*
Esses desastres climáticos são atribuíveis a El Nino.

ATTUNED TO

ligado, afinado

*He developed a new style that was more **attuned to** his own way of thinking.*
Ele desenvolveu um novo estilo, mais condizente com sua maneira de pensar.

AVERSION TO

aversão

*His **aversion to** modern art is notorious.*
Sua aversão à arte moderna é famosa.

AWARE OF

consciente, a par, ciente

*Are you **aware of** the danger involved in this operation?*
Você está a par do perigo que esta operação envolve?

AWASH WITH

inundado, coberto de água; repleto

*Driving conditions were dramatic in some areas of Rio de Janeiro, with many roads **awash with** water.*

As condições de trânsito ficaram dramáticas em algumas áreas do Rio de Janeiro, com muitas ruas cobertas pela água.

*Unfortunately our city is **awash with** drug dealers.*
Infelizmente nossa cidade está infestada de traficantes.

B

BRIMFUL OF/WITH

cheio, repleto

*The look she shot him was **brimful of** hate.*
O olhar que ela lhe lançou era repleto de ódio.

BUSY WITH

ocupado

*'Well, you know,' she said, 'we're always **busy with** this and that...'*
"Bem, o senhor sabe", ela disse, "estamos sempre ocupadas com isso e mais aquilo..."

C

CANDID WITH

franco, honesto

*Perhaps I shouldn't have said that, but you know I've always been **candid with** her.*
Talvez eu não devesse ter dito aquilo, mas você sabe que eu sempre fui muito franco com ela.

CANDIDATE FOR

candidato

*Who can say for sure she'll be a good **candidate for** the Presidential election?*
Quem pode dizer com certeza que ela será uma boa candidata para as eleições presidenciais?

CAPABLE OF

capaz

*'I'm well aware of what he's **capable of** doing,' she said.*
"Eu bem sei o que ele é capaz de fazer", ela disse.

CAREFUL WITH/OF/ABOUT

cuidadoso

*You'd better be **careful of** the stairs on the first floor.*
É melhor ter cuidado com a escada do primeiro andar.

CHARACTERISTIC OF

característico

*Creativity seems to be **characteristic of** modern architecture.*
A criatividade parece ser típica da arquitetura moderna.

CHAT WITH

conversa

*Sit down, my dear, I'd like to have a little **chat with** you.*
Sente-se, meu bem. Eu gostaria de ter uma conversinha com você.

COGNIZANT OF

consciente

*Everyone should be fully **cognizant of** what is going on around them.*
Todos têm de estar plenamente conscientes do que está se passando ao seu redor.

COLLISION WITH

colisão

*A taxi driver and two passengers were reported seriously injured today as a result of a **collision with** a bus in Lakeville.*
Um motorista de táxi e dois passageiros ficaram gravemente feridos hoje como resultado de uma colisão com um ônibus em Lakeville.

COLLUSION WITH

conluio, acordo secreto e ilegal

*You're not implying I'm in **collusion with** our competitors, are you?*

Você não está insinuando que eu esteja agindo em acordo com nossos concorrentes, né?

COMMENSURATE WITH

proporcional

His salary was high because it was ***commensurate with*** *his ability, which was outstanding.*
Seu salário era alto porque era proporcional à sua capacidade, que era extraordinária.

COMMENT ON

comentário

He decided not to make any ***comment on*** *his ex-wife's allegations.*
Ele resolveu não fazer nenhum comentário sobre as alegações da ex-esposa.

COMMENTARY ON

narração de um evento ou apresentação pelo rádio ou televisão

His ***commentary on*** *the football game was full of mild humor and a touch of drama.*
Sua narração do jogo era cheia de humor, mas com um toque de dramaticidade.

conjunto de explicações ou interpretações a respeito de um livro

*His new play is a bizarre **commentary on** human folly.*
Sua nova peça é um comentário bizarro a respeito da loucura do homem.

COMPARISON WITH

comparação

*In **comparison with** other emerging countries, Brazil seems to be in a much better situation.*
Em comparação com outros países emergentes, o Brasil parece estar em uma situação bem melhor.

COMPASSION ON

compaixão, pena

*You have no **compassion on** my poor nerves, have you?*
Você não tem dó dos meus pobres nervos, né?

COMPATIBLE WITH

compatível

*Will this new software be **compatible with** Windows 8?*
Será que este novo software será compatível com o Windows 8?

COMPENSATION FOR

indenização

A teacher who was fired because 'her lessons were too boring' has won £14,000 ***compensation for*** *unfair dismissal.*
Uma professora que foi despedida 'porque suas aulas eram muito chatas' acaba de ganhar uma indenização de 14.000 libras.

COMPLIANCE WITH

obediência, cumprimento

The Minister of Health emphasized the ***compliance with*** *Health and Safety Regulations.*
O Ministro da Saúde enfatizou o cumprimento das Normas de Saúde e Segurança Pública.

CONCOMITANT WITH

concomitante

Psychotic symptoms may be ***concomitant with*** *epilepsy.*
Sintomas psicóticos podem ser concomitantes com a epilepsia.

CONDUCIVE TO

útil, que contribui

*All those factors were **conducive to** the development of a new ideology.*
Todos aqueles fatores contribuíram para o desenvolvimento de uma nova ideologia.

CONFIDENCE IN

confiança

*If we don't have **confidence in** ourselves, how can we expect to succeed?*
Se não tivermos confiança em nós mesmos, como esperar ter êxito?

CONFIDENT OF/ABOUT

confiante

*The new model will be costly, but Toyota is **confident of** its success.*
O novo modelo vai custar caro, mas a Toyota está confiante em seu sucesso.

CONFLICT WITH

conflito, choque

*'The **conflict of** our nation with the Palestinians has lasted too long,' said the Israeli Prime Minister.*

"O conflito de nosso país com os palestinos já durou demais", disse o Primeiro-Ministro de Israel.

CONGRATULATIONS ON

parabéns, congratulações

***Congratulations on** your success!*
Parabéns pelo seu sucesso!

CONSCIOUS OF

consciente, a par

*More often than not those who are most exploited are not **conscious of** this.*
Quase sempre aqueles que são os mais explorados não têm consciência disso.

CONSEQUENT ON

consequente, subsequente

*There was an increase in job losses **consequent on** the technological changes introduced.*
Houve um aumento no número de demissões em consequência das mudanças tecnológicas que foram introduzidas.

CONSISTENT WITH

consistente, coerente

The results of the experiment were ***consistent with*** *Dr. Weber's previous findings.*
Os resultados do experimento mostraram-se coerentes com as descobertas anteriores do Dr. Weber.

CONSULTANT ON

consultor

He was invited to be a ***consultant on*** *computer systems.*
Ele foi convidado para ser consultor de sistemas de computação.

CONTEMPT FOR

desprezo

He could not hide his ***contempt for*** *politicians.*
Ele não escondia seu desprezo pelos políticos.

CONTEMPTUOUS OF

desdenhoso, cheio de desprezo

I was afraid he would be ***contemptuous of*** *my ignorance, so I kept quiet.*
Tive medo que ele desdenhasse da minha ignorância e por isso fiquei quieto.

CONTENDER FOR

concorrente, candidato

*I was now a serious **contender for** the gold medal after beating Lewis in the 100-meter hurdles.*
Agora eu era um sério candidato à medalha de ouro, depois de vencer Lewis nos 100 metros com barreiras.

CONTENT WITH

contente, satisfeito

*How can anybody be **content with** living in such a dirty place?*
Como alguém pode ficar contente em viver num lugar tão sujo?

CONTIGUOUS TO/WITH

contíguo, ao lado

*The swelling was not **contiguous with** the lesion.*
O inchaço não estava localizado próximo à lesão.

CONTRARY TO

contrário a, contrariando

*Many of his ideas go **contrary to** Christian beliefs.*
Muitas de suas ideias são contrárias às crenças cristãs.

CONTRIBUTORY TO

contribuinte

That incident was no doubt seen as a ***contributory*** *factor* ***to*** *their divorce.*
Aquele incidente sem dúvida foi visto como um fator que contribuiu para o seu divórcio.

CONTUSION TO

contusão

How serious is a ***contusion to*** *the head?*
Qual a seriedade de uma contusão na cabeça?

CONVENIENT FOR

conveniente

It would be very ***convenient for*** *us if they came along.*
Seria muito conveniente para nós se eles viessem conosco.

CONVERSANT WITH

familiarizado

In those days he was not ***conversant with*** *socialist ideas.*
Nessa época ele não conhecia as ideias socialistas.

CONVERSATION WITH

conversa

*She turned her back on me to continue a **conversation with** her boss.*
Ela deu as costas para mim para continuar uma conversa com o patrão.

CONVINCED OF

convencido, convicto

*He is now **convinced of** the powers of medicinal herbs.*
Agora ele está convencido dos poderes das ervas medicinais.

COOPERATION WITH

cooperação

*Dr. Weber has been working in close **cooperation with** Dr. Gunnar for years.*
O Dr. Weber vem trabalhando em estreita cooperação com o Dr. Gunnar há anos.

COPYRIGHT ON

direito autoral ou editorial, propriedade intelectual

*If a company develops a product, it usually owns the **copyright on** that product.*
Se uma companhia desenvolve um produto, ela normalmente detém os direitos sobre tal produto.

CORRELATION BETWEEN

correlação

*There can be no doubt that there is a strong **correlation between** drinking and violence.*
Não pode haver nenhuma dúvida de que existe uma nítida correlação entre bebida e violência.

CORRESPONDENCE WITH/BETWEEN

correspondência, correlação

*In written English, there is no such thing as one-to-one **correspondence between** the letters on the page, and the way they are pronounced.*
No inglês escrito, não existe uma correspondência entre as letras impressas na página e o modo como elas são pronunciadas.

correspondência, troca de cartas

*While I was abroad I kept up a close **correspondence with** my parents.*
Enquanto estive fora do país, eu mantive uma firme correspondência com os meus pais.

COUNTERARGUMENT TO

argumento contrário

*He presented a **counterargument to** our pessimistic views on global economy.*
Ele apresentou um argumento contrário às nossas opiniões pessimistas a respeito da economia global.

COUNTERBLAST TO

resposta vigorosa contra uma crítica

*His article is a **counterblast to** those who favor euthanasia.*
O seu artigo é uma resposta vigorosa aos defensores da eutanásia.

CRAMMED WITH

cheio, repleto, abarrotado

*The mall was **crammed with** shoppers.*
O shopping center estava cheio de pessoas fazendo compras.

CRAZY ABOUT/FOR

louco, doido, maluco

*Our President is **crazy about** football.*
Nosso presidente é louco por futebol.

CRITICAL

crítico, cheio de críticas

*I've always been very **critical** of his political views.*
Eu sempre fui muito crítico com relação às suas posições políticas.

CRUEL TO

cruel, perverso, malvado

*It is wrong to be **cruel to** animals.*
É errado tratar os animais com crueldade.

CULPABLE FOR

culpado

*She was considered **culpable for** the undernourishment of her children.*
Ela foi considerada culpada pelo estado de subnutrição de seus filhos.

CURE FOR

cura

*In spite of researchers' hard work, a **cure for** AIDS has not been found yet.*
Apesar do intenso trabalho dos pesquisadores, ainda não se descobriu uma cura para a Aids.

CURIOSITY ABOUT

curiosidade, vontade de ver ou de saber

*My daughter was born with an insatiable **curiosity about** animal behavior.*
Minha filha nasceu com uma insaciável curiosidade pelo comportamento dos animais.

CURT WITH

rude, grosseiro, ríspido

*I think you should apologize for being so **curt with** them.*
Acho que você deveria se desculpar por ter sido tão grosseiro com eles.

DEALERSHIP FOR

concessão para explorar um negócio

*They're opening a new authorized **dealership for** Fiat in Salvador.*

Eles estão inaugurando uma nova concessionária autorizada Fiat em Salvador.

DECREASE IN

diminuição, redução

There has been a considerable ***decrease in*** *family size in the last twenty years.*
Tem havido uma considerável diminuição no tamanho da família nos últimos vinte anos.

DEDICATION TO

dedicação

His loyalty and ***dedication to*** *his adopted country is touching.*
Sua lealdade e dedicação ao seu país de adoção são comoventes.

dedicatória

Monteiro Lobato once wrote a sarcastic ***dedication to*** *Godofredo Rangel.*
Monteiro Lobato certa vez escreveu uma dedicatória sarcástica para Godofredo Rangel.

DEFAULT ON

não cumprimento de uma obrigação, quebra de acordo

The company is already in ***default on*** *$350 million of loans from Citybank.*
A companhia já deve 350 milhões de dólares em empréstimos ao Citibank.

DEFECTION FROM

deserção, fuga, defecção

'I'm afraid there would be a large scale ***defection from*** *the Church of England if women could be ordained,' said Father Thomas.*
"Receio que haveria uma saída em massa de fiéis da Igreja da Inglaterra se as mulheres pudessem se ordenar", disse o Padre Thomas.

DEPENDENCE ON

dependência

The incident reopens the issue of national ***dependence on*** *Uncle Sam.*
O incidente reabre a questão da dependência nacional dos Estados Unidos.

DEPENDENT ON

dependente

He was still in college, still ***dependent on*** *his parents.*
Ele ainda estava na faculdade, ainda na dependência dos pais.

DEPRESSED ABOUT

deprimido

I'd say he was ***depressed about*** *something, but I didn't know what.*
Eu diria que ele estava deprimido com alguma coisa, mas eu não sabia o quê.

DESIROUS OF

desejoso

As far as I remember, it was not you who were ***desirous of*** *learning German, but your daughter.*
Que eu me lembre, não era o senhor que queria aprender alemão, mas sua filha.

DESPONDENT ABOUT

abatido, desanimado

As time went by I got a little ***despondent about*** *the way things were going.*

À medida que o tempo passava, eu ia ficando um tanto desanimado com o rumo dos acontecimentos.

DETESTATION OF

ódio

*His **detestation of** communism has become legendary.*
Seu ódio ao comunismo tornou-se lendário.

DEVIATION FROM

desvio

*The message suggested a **deviation from** the long term goals.*
A mensagem sugeria um desvio dos objetivos de longo prazo.

DEVOID OF

desprovido

*The whole area seemed to be **devoid of** anything green.*
A área toda parecia desprovida de qualquer coisa verde.

DIFFERENCE BETWEEN

diferença

*What's the **difference between** 'who' and 'whom'?*
Qual a diferença entre 'who' e 'whom'?

DIFFERENT FROM/TO/THAN

diferente

*Their aims were quite **different from** ours.*
Seus objetivos eram bem diferentes dos nossos.

DIFFICULTY IN

dificuldade

*I had no **difficulty in** identifying the suspect.*
Não tive nenhuma dificuldade em identificar o suspeito.

DIFFIDENT ABOUT

acanhado, inseguro

*She felt quite **diffident about** discussing her marriage problems.*
Ela se sentia bem acanhada em discutir seus problemas dentro do casamento.

DIPLOMA IN

diploma

*Last year my son got a **diploma in** medicine.*
No ano passado meu filho recebeu o diploma de médico.

DISAFFECTION WITH

descontentamento

*The result of the election shows the degree of **disaffection with** the government.*
O resultado da eleição mostra o grau de insatisfação com o governo.

DISAGREEMENT WITH/OVER

discordância

*I'm writing to express my **disagreement with** the mayor over his policy for promoting Rio for 2016.*
Estou escrevendo para expressar minha discordância com o prefeito a respeito de sua política de promoção do Rio de Janeiro para 2016.

DISAPPOINTED WITH/AT/IN/ABOUT

desapontado, decepcionado

*He was **disappointed with** our performance.*
Ele ficou decepcionado com o nosso desempenho.

*'I'm very **disappointed in** you,' she said to Lieutenant Columbo.*
"Estou decepcionado com você", ela disse ao Tenente Columbo.

DISCONTENT WITH

descontentamento, insatisfação

*Military **discontent with** the government is rising.*
O descontentamento dos militares com o governo está aumentando.

DISCOURSE ON/UPON

discurso

*René Descartes published his '**Discourse on** the Method' in 1637.*
René Descartes publicou seu 'Discurso sobre o Método' em 1637.

DISCRIMINATION AGAINST

discriminação

***Discrimination against** Catholics in Northern Ireland is visible everywhere.*
A discriminação contra os católicos na Irlanda do Norte é visível em toda parte.

DISDAINFUL OF

desdenhoso, arrogante

*Like most aristocrats, he was **disdainful of** the artisan, the man who used his hands to do things.*
Como a maioria dos aristocratas, ele desprezava o artesão, o homem que usava as mãos para fazer coisas.

DISENCHANTED WITH

desencantado, desiludido, decepcionado

*The band were rather **disenchanted with** the studio they were using.*
A banda estava muito decepcionada com o estúdio que eles estavam usando.

DISENGAGEMENT FROM

desvinculação

*The President implicitly signalled a general **disengagement from** the UN.*
O Presidente implicitamente deu a entender o desejo de desvinculação em relação à ONU.

DISGUST AT

nojo, repugnância, aversão

*She looked with **disgust at** those photos.*
Ela olhou aquelas fotos com nojo.

DISILLUSIONMENT WITH

desilusão, frustração

*That incident was the beginning of his **disillusionment with** Marxism.*
Aquele incidente marcou o início do desencanto dele com o marxismo.

DISINCENTIVE TO

desestímulo

*Some people believe that income tax is the biggest **disincentive to** work ever invented.*

Algumas pessoas consideram que o imposto de renda é o maior desestímulo ao trabalho que já se inventou.

DISINTEREST IN

falta de interesse

They have never disguised their ***disinterest in*** *such matters.*
Eles nunca disfarçaram seu desinteresse por essas questões.

DISLIKE OF

aversão, antipatia

From the beginning she has shown her ***dislike of*** *me.*
Desde o começo ele mostrou sua antipatia por mim.

DISLOYAL TO

desleal

The allegation that she had been ***disloyal to*** *him was groundless.*
A alegação de que ela havia sido desleal com ele não tinha nenhum fundamento.

DISMISSIVE OF

sem consideração

*He was generally **dismissive of** his own talent.*
Ele em geral não dava muita importância ao seu próprio talento.

DISPLEASED WITH/AT

aborrecido

*I was very **displeased at** his decision.*
Eu fiquei muito aborrecido com a decisão dele.

DISPLEASING TO

desagradável

*The building of new homes in East Jerusalem is **displeasing to** the U.S. government.*
A construção de novas casas em Jerusalém Oriental desagrada ao governo dos Estados Unidos.

DISPOSED TO

inclinado

*We are well-**disposed to** the idea of partnership with our competitors.*
Não nos opomos à ideia de fazer uma sociedade com nossos concorrentes.

DISPROPORTIONATE TO

desproporcional

*Their reaction was totally **disproportionate to** the size of the problem.*
A reação deles foi totalmente desproporcional ao tamanho do problema.

DISQUALIFICATION FROM

desclassificação

*Brazil's controversial **disqualification from** the 1998 Fifa World Cup has never been fully explained.*
A controvertida desclassificação do Brasil na Copa do Mundo de 1998 nunca foi devidamente explicada.

proibição

***Disqualification from** driving is effective in the sense that it prevents drunken drivers from repeating their crimes.*
A proibição de dirigir é eficaz no sentido de que ela impede os motoristas bêbados de repetir seus crimes.

DISREGARD FOR

desprezo

*I could never understand his **disregard for** his own personal safety.*

Eu nunca entendi o seu desprezo por sua própria segurança pessoal.

DISRESPECT FOR

desrespeito

*Her total **disrespect for** social conventions made her very popular with her colleagues.*
Seu total desrespeito pelas convenções sociais tornou-a muito popular entre seus colegas.

DISRESPECTFUL TO/TOWARDS

desrespeitoso

*I believe the press is being **disrespectful to** the Queen.*
Eu acredito que a imprensa está sendo desrespeitosa para com a Rainha.

DISSATISFACTION WITH/AT

insatisfação

***Dissatisfaction with** marriage often leads to adultery and divorce.*
A insatisfação com o casamento muitas vezes leva ao adultério e ao divórcio.

DISSERTATION ON

ensaio, tese

In the third year I had to write a 10,000 word ***dissertation on*** *African art.*
No terceiro ano eu tive que escrever uma dissertação de 10.000 palavras a respeito da arte africana.

DISSERVICE TO

desserviço

Not to denounce him would be a ***disservice to*** *our profession!*
Deixar de denunciá-lo seria um desserviço à nossa profissão!

DISSIMILAR TO

diferente

German has a few grammatical features which are not too ***dissimilar to*** *those of Latin.*
O alemão tem certas características gramaticais que não são muito diferentes das do latim.

DISSIMILARITY BETWEEN

diferença

Any ***dissimilarity between*** *those two animals was hardly noticeable.*
Mal dava para perceber qualquer diferença entre aqueles dois animais.

DISTASTE FOR

aversão

The ex-president's son has always shown an extreme ***distaste for*** *politics.*
O filho do ex-presidente sempre demonstrou uma total aversão à política.

DISTINCT FROM

distinto, diferente

Bossa nova was a separate style of music which developed ***distinct from*** *jazz.*
A bossa nova foi um estilo de música que se desenvolveu a partir do jazz, mas de forma distinta.

DISTINCTION BETWEEN

distinção, diferença

I'm perfectly well aware of the ***distinction between*** *communism and socialism.*
Sei perfeitamente a distinção entre comunismo e socialismo.

DISTINGUISHABLE FROM

perceptível, patente

Our son was hardly ***distinguishable from*** *the other boys, except for the color of his hair.*
Nosso filho mal se distinguia dos outros meninos, a não ser pela cor do cabelo.

DISTRACTION FROM

distração, desatenção, algo que desvia a atenção

Those boring debates were but a ***distraction from*** *the real problem.*
Esses debates aborrecidos só serviam para desviar a atenção do verdadeiro problema.

DISTRUST OF

desconfiança

*His **distrust of** governments made him abstain from voting at elections.*
Sua desconfiança nos governos fazia-o abster-se de votar nas eleições.

DOCUMENTARY ON/ABOUT

documentário

*He is now working on a **documentary on** the Middle East.*
Agora ele está trabalhando em um documentário sobre o Oriente Médio.

DOMINION OVER

domínio

*Technology helps man to have **dominion over** nature.*
A tecnologia ajuda o homem a ter domínio sobre a natureza.

DOUBT ABOUT/AS TO

dúvida

*Even at the age of 14 she had no **doubt about** her future career as a pianist.*

Já aos 14 anos, ela não tinha dúvida sobre seu futuro como pianista.

DOUBTFUL ABOUT

em dúvida

*From the beginning I had been **doubtful about** his chances of victory.*
Desde o início eu estava em dúvida quanto às suas chances de vitória.

ECSTATIC AT/ABOUT

E

extático, em estado de êxtase

*He wasn't exactly **ecstatic at** my plan.*
Ele não ficou exatamente extasiado com o meu plano.

ELATED AT/BY

feliz, encantado

*The audience was simply **elated by** her performance.*
A plateia ficou simplesmente encantada com o desempenho dela.

ELIGIBLE FOR

qualificado, em condições

*I'm afraid you're not **eligible for** a grant.*
Acho que você não preenche os requisitos necessários para ter direito a uma bolsa.

EMPATHY WITH/FOR

empatia

*Many people think that Elizabeth Taylor is American because of her **empathy with** that country in her movies, but in fact she is English.*
Muita gente pensa que Elizabeth Taylor é americana, por causa de sua empatia com aquele país em seus filmes, mas na verdade ela é inglesa.

ENAMORED OF/WITH

enamorado, encantado

*In Shakespeare's "Midsummer night's dream" Titania says she is **enamored of** an ass.*
Na peça 'Sonho de uma noite de verão', de Shakespeare, Titânia diz que está enamorada de um asno.

ENCRUSTED WITH/IN

coberto, recoberto

Her gold brooch had belonged to her greatgrandmother and was ***encrusted with*** *diamonds and emeralds.*
O broche de ouro dela pertencera à sua bisavó e era incrustado de brilhantes e esmeraldas.

ENGORGED WITH

inchado

In a state of arousal a man's penis becomes ***engorged with*** *blood.*
Quando excitado, o pênis fica inchado de sangue.

ENGROSSED IN

ocupado, absorvido, concentrado

He was so ***engrossed in*** *his work that he didn't notice when she came in.*
Ele estava tão concentrado no trabalho que nem notou quando ela entrou.

ENTHUSIAST ABOUT/FOR/AT

apaixonado, aficionado

I've never been a strong ***enthusiast about*** *soccer.*
Eu nunca fui um grande fã de futebol.

ENTHUSIASTIC ABOUT/OVER

entusiasmado

*I was **enthusiastic about** the new prospects.*
Eu estava entusiasmado com as novas perspectivas.

ENTRANCED BY/WITH

fascinado, encantado

*We were all **entranced with** his voice.*
Estávamos todos encantados com a voz dele.

ENVIOUS OF

invejoso

*'You must never be **envious of** your friends,' he said.*
"Você não deve nunca ter inveja dos seus amigos", disse ele.

EQUIDISTANT FROM

equidistante

*All points on a Euclidean circle are **equidistant from** the centre.*
Todos os pontos de um círculo euclidiano são equidistantes do centro.

EQUIVALENT TO

equivalente

A pound is roughly ***equivalent to*** *half a kilo.*
Uma libra é mais ou menos equivalente a meio quilo.

ESTRANGED FROM

separado, afastado

Her parents have been ***estranged from*** *each other for many years.*
Seus pais estão separados há muitos anos.

EVOCATIVE OF

evocativo

The dark interior of the manor house was ***evocative of*** *a medieval castle.*
O escuro interior da mansão trazia à lembrança um castelo medieval.

EXASPERATED AT/WITH/BY

irritado, nervoso

I was getting ***exasperated at*** *the delay.*
Eu estava ficando irritado com a demora.

EXCERPT FROM

trecho retirado de um livro

*You can find an **excerpt from** his new novel on the internet.*
Você pode encontrar um trecho do seu novo livro na internet.

EXCITED ABOUT/AT/OVER/BY

animado, entusiasmado, excitado

*The kids were very **excited about** the snow.*
As crianças estavam bem animadas com a neve.

EXCRESCENCE ON

excrescência

*Racism should be seen as an unfortunate **excrescence on** a democratic nation.*
O racismo deve ser visto como uma infeliz excrescência num país democrático.

EXCUSE FOR

desculpa, justificativa

*There is no **excuse for** what he did.*
Não há desculpa pelo que ele fez.

EXEMPT FROM

isento

'*One third of our students,' said the principal, 'are* ***exempt from*** *fees.*'
"Um terço dos nossos alunos", disse o diretor, "estão isentos da mensalidade."

EXHILARATED BY

feliz, encantado, muito contente, exultante

She was ***exhilarated by*** *the day's events.*
Ela estava exultante com os acontecimentos daquele dia.

EXPERIENCED IN

experiente

As a photographer he was ***experienced in*** *putting children at their ease.*
Como fotógrafo, ele tinha experiência em deixar as crianças à vontade.

EXPERIMENT ON

experiência

The story is based on a fictitious ***experiment on*** *monkeys.*

A história se baseia numa experiência fictícia com macacos.

EXPERT AT/IN/ON

especialista, perito

*She's an **expert in** descriptive geometry.*
Ela é especialista em geometria descritiva.

EXPERTISE IN

experiência

*They have acquired a certain **expertise in** electrochemistry.*
Eles adquiriram uma certa experiência em eletroquímica.

EXTRANEOUS TO

alheio, irrelevante

*The crisis was the consequence of forces **extraneous to** the case in question.*
A crise foi uma consequência de forças irrelevantes para o caso em questão.

EXTRINSIC TO

extrínseco, alheio

The evidence presented was ***extrinsic to*** *the case in question.*
As provas apresentadas não tinham relação com o caso em questão.

FAITH IN

fé

I've never lost my ***faith in*** *God.*
Eu nunca perdi a fé em Deus.

FAITHFUL TO

fiel

She has always remained ***faithful to*** *her principles.*
Ela sempre permaneceu fiel aos seus princípios.

FAMILIAR TO

familiar

Does that voice sound ***familiar to*** *you?*
Aquela voz soa familiar para você?

FAMILIAR WITH

familiarizado

*I'm sure you will soon be **familiar with** it.*
Tenho certeza de que logo você estará familiarizado com isso.

FAMOUS FOR

famoso

*The cathedral is **famous for** its altar.*
A catedral é famosa por seu altar.

FANATICAL ABOUT

fanático

*My father is **fanatical about** security.*
Meu pai é fanático por segurança.

FASCINATED BY/AT/WITH

fascinado, encantado

*I've always been **fascinated by** his talent.*
Eu sempre fui fascinado por seu talento.

FASCINATION FOR

fascinação, fascínio

Picasso's father soon realized that he had this fascination for painting.
O pai de Picasso logo percebeu que ele tinha essa fascinação pela pintura.

FEARFUL OF

temeroso, com medo

*He was more **fearful of** his father's cold eyes than anything else.*
Ele temia a frieza do olhar do seu pai mais do que qualquer outra coisa.

FED UP WITH

aborrecido, farto

*I'm **fed up with** eating the same kind of food every day.*
Estou cheio de comer a mesma comida todo dia.

FIDELITY TO

fidelidade, lealdade

*He wrote his report with absolute **fidelity to** the actual events.*
Ele escreveu o relatório com absoluta fidelidade à realidade dos fatos.

FIT FOR

adequado, conveniente

*That language is not **fit for** your ears, dear.*
Essa linguagem não é adequada para os seus ouvidos, querida.

preparado

*Unless you get a good rest, you won't be **fit for** the match tomorrow.*
Se não descansar bem, você não vai estar preparado para o jogo de amanhã.

FIXATED ON

obcecado

*Journalists seem to be **fixated on** that politician.*
Os jornalistas parecem obcecados com aquele político.

FIXATION ON

fixação

*He seemed to have developed a **fixation on** her.*
Ele aparentemente havia desenvolvido uma fixação por ela.

FLABBERGASTED AT

estupefato, chocado

*She was **flabbergasted at** his foul language.*
Ela ficou horrorizada com seu linguajar chulo.

FLAIR FOR

talento, jeito, dom

*He did have a **flair for** getting into trouble.*
Ele realmente tinha o dom de se meter em encrenca.

FLECKED WITH

com pintinhas, com manchas

*I remember that his hair was **flecked with** dandruff.*
Eu me lembro que ele tinha caspa no cabelo.

FLIRTATION WITH

flerte, namoro

*His **flirtation with** Marxism was not well received by the press.*
Seu flerte com o marxismo não foi bem recebido pela imprensa.

FLUENT IN

fluente

*Applicants must be **fluent in** French and German.*
Os candidatos devem ser fluentes em francês e alemão.

FLUMMOXED BY

aturdido, atrapalhado, confuso

*I was completely **flummoxed by** the whole thing.*
Eu fiquei completamente aturdido com a coisa toda.

FOCUS ON

foco

*The **focus** should be **on** prevention, not on punishment.*
O foco deveria ser a prevenção, não a punição.

FOND OF

amigo, carinhoso

*She became **fond of** bears when she heard of Knut, the bear cub that was abandoned by its mother.*
Ela passou a gostar de ursos quando soube de Knut, o ursinho abandonado pela mãe.

FONDNESS FOR

afeto, amor

*His **fondness for** the bottle ruined his career.*
Seu gosto pela bebida arruinou sua carreira.

FORBEARANCE TOWARDS

paciência, tolerância, autocontrole

*The government's **forbearance towards** the Landless Peasants' Movement is outrageous.*
A tolerância do governo em relação ao MST é revoltante.

FOREARMED AGAINST

preparado

*We must be **forearmed against** any unpleasant possibilities.*
Temos de estar preparados para toda e qualquer possibilidade desagradável.

FOREDOOMED TO

predestinado

*Any attempt to construct society based on egalitarian principles is **foredoomed to** failure.*

Qualquer tentativa de construir uma sociedade com base em princípios igualitários está predestinada ao fracasso.

FOREKNOWLEDGE OF

conhecimento prévio

Some people believe that the Bush administration had ***foreknowledge of*** *the Sept. 11 attacks but ignored the warnings.*
Algumas pessoas acreditam que o governo Bush tinha conhecimento prévio dos ataques de 11 de setembro, mas ignorou os alertas.

FORETASTE OF

indicação, sinal

The riots in Greece are a ***foretaste of*** *what might happen in other European countries like Portugal and Ireland.*
Os tumultos na Grécia são um sinal do que pode acontecer em outros países europeus, como Portugal e Irlanda.

FOUNDED ON

fundamentado, baseado

Good science should be ***founded on*** *fact, not fantasy.*
A boa ciência deve se basear em fatos, não em fantasias.

FRANK WITH

franco, sincero

Can I be ***frank with*** *you, Tom?*
Posso ser franco com você, Tom?

FRAUGHT WITH

cheio, pleno

His mission was ***fraught with*** *danger.*
Sua missão estava cercada de perigo.

FRIGHTENED OF

com medo, assustado

The poor animal seemed ***frightened of*** *its new environment.*
O pobre animal parecia assustado com o seu novo ambiente.

FRUSTRATED AT/WITH

frustrado

I was beginning to feel totally ***frustrated with*** *my own existence.*
Eu estava começando a me sentir completamente frustrado com minha própria existência.

FUGITIVE FROM

fugitivo

*The police discovered that he was a **fugitive from** the justice of his own country.*
A polícia descobriu que ele era um fugitivo da justiça de seu próprio país.

FULL OF

cheio, pleno

*"Life is a tale told by an idiot, **full of** sound and fury, signifying nothing." (Shakespeare)*
"A vida é uma fábula contada por um idiota, cheia de som e fúria, e que não significa nada."

FUNDAMENTAL TO

fundamental

*The presence of the armed forces in the Amazon region is **fundamental to** our security.*
A presença das forças armadas na região amazônica é fundamental à nossa segurança.

FURIOUS WITH/AT

furioso

*She was **furious at** the way he was trying to manipulate her.*
Ela estava furiosa com o modo como ele estava tentando manipulá-la.

FUSS ABOUT

rebuliço, tumulto, algazarra

*I see no need for all the **fuss about** the swine flu H1N1.*
Não vejo por que tanto rebuliço a respeito da gripe suína.

FUSSED ABOUT

interessado

*He didn't seem too **fussed about** it.*
Ele não parecia muito interessado nisso.

FUSSY ABOUT

cismado, enjoado

*She is very **fussy about** what she eats.*
Ela é muito enjoada para comer.

GARBED IN

vestido

*In the distance I could see a strange figure **garbed in** black.*
À distância eu vi uma estranha figura vestida de preto.

GERMANE TO

pertinente, relevante

*The protection of the environment is **germane to** the future of mankind.*
A proteção ao meio ambiente é relevante para o futuro da humanidade.

GLAD ABOUT

alegre, feliz

*Aren't you **glad about** that?*
Você não fica contente com isso?

GLANCE AT

olhar rápido

*She cast a **glance at** him to see if he was paying attention.*
Ela olhou de relance para ele, para ver se ele estava prestando atenção.

GLEE AT

alegria, contentamento, júbilo

He couldn't hide his ***glee at*** *the news.*
Não dava para ele esconder a alegria pela notícia.

GRACIOUS TO

amável, bondoso, gentil

He was always ***gracious to*** *his fans, no matter how tired he was.*
Ele sempre foi muito gentil com suas fãs, ainda que estivesse muito cansado.

GRATEFUL TO SOMEBODY FOR SOMETHING

grato, agradecido

I'll always be ***grateful to*** *him* ***for*** *the patience he's had with me.*
Eu vou sempre ser grato a ele pela paciência que ele teve comigo.

GRATITUDE TO SOMEONE FOR SOMETHING

gratidão

She felt a certain ***gratitude to*** *Patrick* ***for*** *his advice.*

Ela tinha uma dívida de gratidão para com o Patrick pelos conselhos que ele lhe dera.

GREED FOR

ganância, cobiça, forte desejo

*His **greed for** rarity led him to pay a fortune for first editions.*
Sua ânsia por raridades levava-o a pagar uma fortuna por primeiras edições.

GREEDY FOR

guloso

*She was always **greedy for** cookies.*
Ela estava sempre querendo comer bolacha.

ansioso, desejoso

*He was an excellent student, always asking questions, always **greedy for** more information.*
Ele era um aluno excelente, sempre fazendo perguntas, sempre ávido por mais informações.

GRIEF AT/OVER

dor, tristeza

They say he died from grief at the death of his wife a few weeks earlier.

Dizem que ele morreu de desgosto pela morte da esposa algumas semanas antes.

GRIEF-STRICKEN AT/OVER

triste, abatido, pesaroso

*The Parkers were **grief-stricken at** the death of their only son.*
Os Parkers estavam arrasados com a morte de seu filho único.

GRIEVANCE ABOUT

queixa, reclamação

*It was clear that a number of people felt they had a **grievance about** the way things were going.*
Ficou claro que muita gente não estava satisfeita com o rumo que as coisas estavam tomando.

GUILTY OF

culpado

*She was found **guilty of** stabbing her boyfriend to death in 2009.*
Ela foi declarada culpada por matar seu namorado a facadas em 2009.

H

HATE/HATRED FOR/OF

ódio

I felt ***hate for*** *him.*
Eu tinha ódio dele.

ódio

He burned with ***hated for*** *everybody in that family.*
Ele ardia de ódio por todos naquela família.

HAZARD TO

risco, perigo

The small quantities of these substances can hardly be a ***hazard to*** *health.*
As pequenas quantidades dessas substâncias não podem ser um risco à saúde.

HEEDFUL OF

atento, cuidadoso

I wish you were more ***heedful of*** *the consequences of your acts.*
Gostaria que você ficasse mais atento às consequências dos seus atos.

HEEDLESS OF

desatento, indiferente

Heedless of *attracting everybody's attention, he knelt at her feet.*
Sem se importar de chamar a atenção de todo mundo, ele se ajoelhou aos seus pés.

HELL-BENT ON

decidido, determinado

Those Arsenal supporters seemed ***hell-bent on*** *destroying the town.*
Aqueles torcedores do Arsenal pareciam decididos a destruir a cidade.

HESITANT ABOUT

hesitante, vacilante

Worldwide recession is making clients feel ***hesitant about*** *buying.*
A recessão mundial faz com que os clientes hesitem em comprar.

HINDRANCE TO

obstáculo, empecilho

English spelling is a serious ***hindrance to*** *the learning of the language as a whole.*

A ortografia do inglês é um sério obstáculo ao aprendizado da língua como um todo.

HONEYCOMBED WITH

cheio de buracos

Many of those hills around Ouro Preto are ***honeycombed with*** *old mine tunnels.*
Muitos daqueles morros em volta de Ouro Preto estão atravessados de velhos túneis de minas.

HOSTILE TO/TOWARDS

hostil, contrário

At first most people were ***hostile towards*** *the artists that took part in the Modern Art Week of 1922.*
No início, a maioria das pessoas se mostrou hostil aos artistas que participaram da Semana de Arte Moderna de 1922.

HOSTILITY TOWARDS

hostilidade

Hostility towards *Americans in the Middle East is growing with every day.*
A hostilidade contra os americanos no Oriente Médio cresce a cada dia.

HUNGER FOR

fome, forte desejo

He inherited from his mother a ***hunger for*** *knowledge.*
Ele herdou da mãe essa fome de conhecimento.

IDENTICAL TO/WITH

I

idêntico

Her dress was ***identical to*** *the one Maggie had worn at the reception two days earlier.*
O vestido dela era idêntico ao que Maggie tinha usado na recepção dois dias antes.

ILL-DISPOSED TOWARDS

de má vontade

My father has always been ***ill-disposed towards*** *the church.*
Meu pai sempre teve má vontade em relação à igreja.

IMPACT ON

impacto, efeito, influência

Mr. Lanfredi had a great ***impact on*** *me as a teacher.*
O Sr. Lanfredi teve uma grande influência em mim como professor.

IMPATIENT AT/WITH

impaciente

***Impatient at** the delay, he checked on his watch again.*
Impaciente com a demora, ele consultou o relógio de novo.

IMPEDIMENT TO

impedimento, obstáculo

*There were times when religion was an **impediment to** science.*
Houve épocas em que a religião foi um obstáculo à ciência.

IMPENITENT ABOUT

impenitente, sem arrependimento

*He admitted he had killed her, but was **impenitent about** this.*
Ele admitiu que a tinha assassinado, mas não se arrependia disso.

IMPERVIOUS TO

impermeável

*This product is **impervious to** moisture.*
Este produto é impermeável à umidade.

intocado, inatingível

*Her own self-confidence made her **impervious to** gossip.*
Sua autoconfiança protegia-a das fofocas.

INACCESSIBLE TO

inacessível

*Justice is still **inaccessible to** millions of Brazilians.*
A justiça ainda é inacessível a milhões de brasileiros.

INAPPLICABLE TO

inaplicável

*His ideal concept of democracy proved to be **inapplicable to** our society.*
O conceito ideal de democracia dele mostrou-se inaplicável à nossa sociedade.

INCAPABLE OF

incapaz

*He's **incapable of** hurting a fly, let alone a woman.*
Ele seria incapaz de matar uma mosca, quanto mais uma mulher.

INCOMPATIBLE WITH

incompatível

Some people seem to believe that agrarian reform is ***incompatible with*** *social justice.*
Algumas pessoas parecem acreditar que a reforma agrária é incompatível com a justiça social.

INCURIOUS ABOUT

desinteressado

To be honest with you, I'm totally ***incurious about*** *my ex-wife's new husband.*
Para ser sincero com você, não tenho a menor curiosidade sobre o marido da minha ex-mulher.

INDEBTED TO

agradecido, grato

I'm deeply ***indebted to*** *the anonymous donor who saved my daughter's life.*
Sou profundamente grato ao doador anônimo que salvou a vida da minha filha.

INDIFFERENCE TO

indiferença

*Her **indifference to** Henry's proposal to her is something I cannot understand.*
A indiferença dela para com o pedido de casamento do Henry é algo que eu não consigo entender.

INDIFFERENT TO

indiferente

*He appears to be **indifferent to** public opinion.*
Ele parece ser indiferente à opinião pública.

INDIGNANT ABOUT/AT/OVER

indignado

*I'm the one who should be **indignant about** that incident, not you!*
Eu é que devia ficar indignado com o que aconteceu, não você!

INDIGNATION AGAINST/AT

indignação

*The protest march expressed the people's **indignation against** the Government.*

A passeata expressou a indignação do povo contra o governo.

INELIGIBLE FOR

não qualificado, sem condições

*I'm afraid you are **ineligible for** a pension, sir.*
Receio que o senhor não preenche as condições para receber uma aposentadoria.

INEPT AT

inepto, incompetente

*She was **inept at** everything except gossip.*
Ela era incompetente em tudo, menos em matéria de fofoca.

INFATUATED WITH

apaixonado temporariamente, enfeitiçado

***Infatuated with** Italy, he spent a few weeks in Tuscany.*
Apaixonado pela Itália, ele passou algumas semanas na Toscana.

INFATUATION WITH/FOR

paixão passageira

*I wonder if her **infatuation with** her boss was genuine.*

Eu me pergunto se a paixão dela pelo chefe era verdadeira.

INFERENCE FROM

inferência, dedução

*You cannot make any **inferences from** the data presented today.*
Não se pode fazer nenhuma inferência a partir dos dados apresentados hoje.

INFERIOR TO

inferior

*The new equipment is, in my opinion, much **inferior to** what we had before.*
O novo equipamento é, em minha opinião, muito inferior ao que tínhamos antes.

INFLUENCE ON/OVER

influência

*Some kinds of food exert an **influence on** blood pressure.*
Certos alimentos exercem uma influência sobre a pressão arterial.

INHERENT IN

inerente

*Risk is **inherent in** a firefighter's life.*
O risco faz parte da vida de um bombeiro.

INIMICAL TO

hostil, contrário

*Some people regard the Green Party as being **inimical to** industrial development.*
Algumas pessoas consideram o Partido Verde contrário ao desenvolvimento industrial.

INJURIOUS TO

prejudicial

*Pesticides can be **injurious to** health.*
Os pesticidas são prejudiciais à saúde.

INLAID WITH

recoberto, enfeitado

*He gave his daughter a music box, **inlaid with** a silver moon.*
Ele deu à filha uma caixinha de música, enfeitada com uma lua de prata.

INQUEST ON/INTO

inquérito policial, investigação

*An **inquest on** Sarah Mills's death will be opened tomorrow.*
Amanhã será aberto um inquérito sobre a morte de Sarah Mills.

INROADS INTO

efeito, consequência

*The use of computers and robots is making deep **inroads into** labor.*
O uso de computadores e robôs vem fazendo estragos na oferta de emprego.

*Some foreign insects have made deep **inroads into** crops across the country.*
Alguns insetos de outras regiões já causaram profundos efeitos em colheitas pelo país.

INSCRIPTION ON

inscrição

*An **inscription on** the altar mentions the year the little church was built.*
Uma inscrição no altar menciona o ano em que a igrejinha foi construída.

INSENSIBLE TO

insensível

Once hypnotized, he proved to be entirely ***insensible to*** *pain.*
Uma vez hipnotizado, ele se mostrou completamente insensível à dor.

INSENSITIVE TO

insensível

If you are exposed to the same scent for some time, you become completely ***insensitive to it.***
Se você fica exposto ao mesmo aroma durante um certo tempo, você acaba se tornando totalmente insensível a ele.

INSISTENCE ON

insistência

Her ***insistence on*** *talking non stop about her grandchildren is driving me nuts!*
A insistência dela em falar sem parar nos netos está me deixando louco!

INTEREST IN

interesse

After her dog's death, she was so depressed that she lost ***interest in*** *food.*
Depois da morte do cachorro, ela ficou tão deprimida que até perdeu o interesse por comida.

INTERESTED IN

interessado

I've never been ***interested in*** *space flights.*
Eu nunca me interessei por viagens espaciais.

INTOLERANT OF

intolerante

Dr. Manginelli was absolutely ***intolerant of*** *smoking.*
O Dr. Manginelli era absolutamente intolerante ao cigarro.

INTRODUCTION TO

introdução

I asked Paul to write the ***introduction to*** *my new book.*
Eu pedi ao Paul que escrevesse a introdução ao meu novo livro.

INTRUSION INTO/ON/UPON

intrusão, intromissão

He seemed to resent what he considered to be an ***intrusion into*** *his private life.*
Ele se aborrecia com o que considerava uma intromissão em sua vida particular.

INVESTMENT IN

investimento

The money he spent in auctions was 'an ***investment in*** *his future,' as he used to say.*
O dinheiro que ele gastava em leilões era 'um investimento em seu futuro', como ele costumava dizer.

INVOCATION TO

invocação, súplica

Milton, who was blind, opens his book with an ***invocation to*** *light.*
Milton, que era cego, começa seu livro com uma invocação à luz.

IRRECONCILABLE WITH

irreconciliável

*Salvador Dali's paintings seem to be **irreconcilable with** the real world.*
Os quadros de Salvador Dali parecem ser irreconciliáveis com o mundo real.

J

JADED WITH

cansado, fatigado, farto

*I was getting **jaded with** my job.*
Eu estava ficando cheio do meu emprego.

JAM-PACKED WITH

abarrotado, apinhado, lotado

*The subway station was **jam-packed with** fans.*
A estação de metrô estava apinhada de torcedores.

JEALOUS OF

invejoso

*He was **jealous of** his brother's power.*
Ele tinha inveja do poder do seu irmão.

ciumento

*Was she simply **jealous of** me, Harry wondered.*
Será que ela tem ciúme de mim, Harry se perguntou.

JUSTIFIED IN

justificável, com motivos para

*His wife feels perfectly **justified in** calling him a bum.*
Sua esposa acha que tem todos os motivos para chamá-lo de vagabundo.

K

KEEN ON

interessado, entusiasmado

*At first I was not particularly **keen on** the idea.*
De início eu não me entusiasmei muito com a ideia.

KIND TO/OF

bondoso, generoso, gentil, atencioso

*You've been so **kind to** me, I really don't know how to thank you.*
Vocês têm sido tão gentis comigo, eu realmente não sei como agradecer.

*Very **kind of** you to say so, thank you.*
Bondade sua dizer isso, muito obrigado.

KNACK FOR/OF

jeito, habilidade

*Arnold was born with the **knack for** making money.*
O Arnold nasceu com a habilidade para ganhar dinheiro.

KNOWLEDGEABLE ABOUT

conhecedor, informado

*In Brazil everybody regards themselves as **knowledgeable about** soccer.*
No Brasil todo mundo se considera um conhecedor de futebol.

LACKING IN

L

carente, desprovido

*Some of the applicants were fairly good, but most of them were **lacking in** experience.*
Alguns dos candidatos até que eram bons, mas faltava experiência à maioria deles.

LADEN WITH

carregado, pleno

*Canned food is usually **laden with** chemical additives.*
Comida enlatada normalmente vem carregada de aditivos químicos.

LEANING TOWARDS

tendência, inclinação

I must admit I do have a slight ***leaning towards*** *anarchism.*
Devo admitir que eu realmente tenho uma ligeira inclinação pelo anarquismo.

LECTURE ON

palestra, aula de faculdade, aula expositiva

I went to a ***lecture on*** *medieval poetry yesterday.*
Ontem eu fui a uma palestra sobre poesia medieval.

LEERY OF

desconfiado

I've always been a bit ***leery of*** *his intentions.*
Eu sempre tive um pouco de desconfiança em relação às suas intenções.

LIAISON BETWEEN/WITH

cooperação

The success of the plan was based on a close ***liaison between*** *the school and the children's parents.*
O sucesso do plano se baseava numa estreita cooperação entre a escola e os pais das crianças.

caso, aventura

*Rumor has it that she's having a **liaison with** the CEO of the company.*
Correm boatos de que ela está tendo um caso com o diretor-presidente da companhia.

LOATHING FOR

ódio, nojo

*Marion could no longer disguise her **loathing for** Mr. Janson.*
Marion não podia mais disfarçar o nojo que sentia do senhor Janson.

LOYAL TO

leal, fiel

*I was **loyal to** them, of that they could be sure.*
Eu era leal a eles, disso eles podiam ter certeza.

LOYALTY TO

lealdade, fidelidade

*His **loyalty to** the new regime was a bit dubious, to say the least.*
Sua lealdade ao novo regime era um tanto dúbia, para dizer o mínimo.

LUST FOR

desejo, apetite sexual

*His **lust for** his best friend's wife knew no bounds.*
Seu desejo pela mulher do seu melhor amigo não tinha limites.

desejo, ânsia

*Derek Brian's novel '**Lust for** Power' was published in 1956.*
O romance *Ânsia pelo Poder*, de Derek Brian, foi publicado em 1956.

M

MARRIED TO

casado

*'I suppose I'm lucky to be **married to** a beautiful, intelligent woman,' he said.*
"Acho que eu tive sorte de me casar com uma mulher bonita e inteligente", ele disse.

MEDITATION ON

meditação, pensamento

*His last book, published two months before his death, is a touching **meditation on** his own childhood.*
Seu último livro, publicado dois meses antes de sua morte, é uma tocante meditação sobre sua própria infância.

MENACE TO

ameaça

*He's a **menace to** society, that's what he is!*
Ele é uma ameaça à sociedade, é isso que ele é!

MINDFUL OF

consciente, a par

*We are very **mindful of** the risks this operation involves.*
Estamos a par dos riscos que esta operação envolve.

MISTRUST OF

desconfiança

*All these scandals can only fuel **mistrust of** the political class.*
Todos esses escândalos só servem para alimentar a desconfiança em relação à classe política.

MISTRUSTFUL OF

desconfiado

*Even after his explanations, she remained **mistrustful of** him.*
Mesmo depois de suas explicações, ela continuou desconfiada dele.

N

NEGLECTFUL OF

negligente, relaxado

*Unlike his brother, Frank was never **neglectful of** his family's finances.*
Ao contrário do seu irmão, Frank nunca foi negligente com as finanças da família.

NEGLIGENT IN/OF

negligente

*Nobody can say I am **negligent in** what I do.*
Ninguém pode dizer que eu seja negligente com aquilo que faço.

*It was **negligent of** the nurse to let the patient fall off his bed.*
Foi negligência da parte da enfermeira deixar o paciente cair da cama.

NOMINATION FOR

indicação

*His inborn leadership qualities led to his **nomination for** governor.*
Suas virtudes como um líder nato o levaram à indicação para concorrer ao governo do estado.

NOTED FOR

famoso

Like most prima donnas, Maria Callas was not particularly ***noted for*** *her even-temper and calmness.*
Como a maioria das prima-donas, Maria Callas não era particularmente famosa por seu temperamento calmo.

NOTORIOUS FOR

notório, famoso no mau sentido

Tomas de Torquemada became ***notorious for*** *his persecution of the Jews in Spain in the 15th century.*
Tomás de Torquemada tornou-se famoso por sua perseguição aos judeus na Espanha no século XV.

OBJECTION TO

objeção

Strictly speaking, there is no legal ***objection to*** *incest.*
Estritamente falando, não há uma objeção legal contra o incesto.

OBLIVIOUS OF/TO

inconsciente, distanciado, alienado

There they were, walking hand in hand, ***oblivious of*** *everyone.*

Lá iam eles, caminhando de mãos dadas, ignorando todo mundo.

OBSEQUIOUS TO

servil, subserviente

To our surprise the Secretary of State was ***obsequious to*** *the Palestinian President and hostile to Israel's Prime Minister.*
Para nossa surpresa, a Secretária de Estado se mostrou subserviente ao presidente palestino e hostil para com o Primeiro-Ministro de Israel.

OBSESSION WITH/ABOUT

obsessão, fixação

He cultivated a strange ***obsession with*** *death.*
Ele cultivava uma estranha obsessão pela morte.

OBSTACLE TO

obstáculo

Money will be no ***obstacle to*** *her presidential campaign.*
O dinheiro não será obstáculo à campanha dela para presidente.

ONSLAUGHT AGAINST/ON

ataque, investida

*The rebels launched an **onslaught against** the Government's forces yesterday.*
Os rebeldes lançaram um ataque contra as forças do governo ontem.

ONUS ON

ônus, responsabilidade

*I can see no reason why we should put a heavy **onus on** the kids' teacher.*
Não vejo nenhuma razão para atribuir uma responsabilidade tão pesada à professora das crianças.

OODLES OF

grande quantidade

*He lost **oodles of** money at the roulette table.*
Ele perdeu uma montanha de dinheiro na roleta.

OPEN SESAME TO

abre-te sésamo

*There was a time when a diploma was an automatic **open sesame to** a good job. Not any more.*

Houve um tempo em que um diploma era um abre-te sésamo automático para uma carreira de sucesso. Já não é mais assim.

OPPOSED TO

oposto, contrário

*He was firmly **opposed to** human embryo research.*
Ele se opunha fortemente às pesquisas com embriões humanos.

OPPOSITE TO/OF

em frente

*He sat down **opposite to** her.*
Ele sentou-se em frente a ela.

oposto, contrário

*The **opposite of** fat is thin.*
O oposto de gordo é magro.

*His political ideas are the complete **opposite to** mine.*
Suas ideias políticas são o oposto das minhas.

OPPOSITION TO

oposição

*He was forced to resign because of his **opposition to** his own government's policy.*

Ele foi obrigado a renunciar em virtude de sua oposição à política do seu próprio governo.

ORIENTATED TO/TOWARDS

orientado, dirigido

From the very beginning, his career as an actor was ***orientated towards*** *television, rather than to the theater.*
Desde o início, sua carreira como ator foi orientada mais para a televisão do que para o teatro.

ORNAMENTED WITH

ornamentado

The park was ***ornamented with*** *a magnificent fountain.*
Uma fonte magnífica ornamentava o parque.

OUTCRY AGAINST/OVER

protesto, clamor

Everywhere in the world there is a strong popular ***outcry against*** *paedophilia.*
Em todo o mundo há um forte clamor popular contra a pedofilia.

OUTLAY ON

despesas, gastos

These things don't cost much, so there will be no ***outlay on*** *expensive equipment.*
Estas coisas não custam muito, de modo que não haverá muita despesa com equipamento caro.

OUTLOOK ON

atitude, posição, perspectiva, ponto de vista

The accident changed my ***outlook on*** *life.*
O acidente mudou o meu modo de encarar a vida.

OVEREMPHASIS ON

ênfase excessiva

In most of our schools there is an ***overemphasis on*** *memorizing rules, formulas and dates.*
Na maioria de nossas escolas, há uma ênfase muito grande na memorização de regras, fórmulas e datas.

OVERJOYED AT

muito feliz

She was ***overjoyed at*** *the prospect of having a child.*
Ela estava muito feliz com a perspectiva de ter um filho.

P

PALLY WITH

amigo

*I remember you said you were very **pally with** the goalkeeper.*
Eu me lembro que você disse que era muito amigo do goleiro.

PARTICIPATION IN

participação

*The level of women's **participation in** the job market is increasing with every year.*
O nível de participação das mulheres no mercado de trabalho vem aumentando a cada ano.

PARTITION INTO

divisória

*The hall was divided by a wooden **partition into** two classrooms.*
Uma divisória de madeira repartiu o salão em duas salas de aula.

partição, divisão

*The **partition** of Czechoslovakia **into** separate Czech and Slovak states took place on January 1, 1993.*
A divisão da Checoslováquia em dois estados independentes (a República Tcheca e a República Eslovaca) deu-se em 1º de janeiro de 1993.

PATIENCE WITH

paciência

*My Portuguese teacher had little **patience with** spelling mistakes.*
Meu professor de português tinha pouca paciência com erros de ortografia.

PATIENT WITH

paciente

*He was a lot more **patient with** my sister than with me.*
Ele era muito mais paciente com a minha irmã do que comigo.

PECULIAR TO

peculiar, típico

*This kind of rock is **peculiar to** this area.*
Esta espécie de rocha é típica desta área.

PEEVED ABOUT

aborrecido, chateado

*I was really **peeved about** how he had handled the whole situation.*
Eu fiquei muito chateado com a maneira com que ele lidou com a situação.

PENCHANT FOR

queda, inclinação

I'm not a great drinker but I have a ***penchant for*** *Italian wine.*
Eu não sou de beber muito, mas tenho uma queda por vinho italiano.

PEOPLED WITH

habitado, povoado

His island was ***peopled with*** *giants and dragons.*
Sua ilha era habitada por gigantes e dragões.

PERIPHERAL TO

secundário, menos importante

These details are ***peripheral to*** *the plot.*
Esses detalhes não são importantes para o enredo.

PERTINENT TO

pertinente

To what extent is this information ***pertinent to*** *the case?*
Até que ponto essas informações são pertinentes ao caso?

PERTURBED AT/BY

perturbado, aflito

*Some of them appeared **perturbed at** such a suggestion.*
Alguns deles pareceram perturbados com tal sugestão.

PETITION FOR/AGAINST

abaixo-assinado

*Two million people signed a **petition for** the release of the Turkish leader.*
Dois milhões de pessoas subscreveram um abaixo--assinado em favor da libertação do líder turco.

petição, pedido inicial de uma ação judicial

*They decided to present a bankruptcy **petition against** the company.*
Eles resolveram entrar com um pedido de falência contra a companhia.

PHOBIA ABOUT/OF

fobia, medo irracional

*She has a **phobia of** escalators.*
Ela tem pavor de escada rolante.

POCKED WITH

marcado com pequenos orifícios

*The poor boy's legs were **pocked with** the marks of vermin.*
As pernas do pobre garotinho estavam marcadas por picadas de insetos.

POPULAR WITH

popular

*The Simpsons are very **popular with** both children and adults.*
Os Simpsons são muito populares tanto entre as crianças como entre os adultos.

POSSESSED OF

dotado

*Professor Moriarty, Sherlock Holmes' archenemy, was **possessed of** an extremely keen mind.*
O Professor Moriarty, o arqui-inimigo de Sherlock Holmes, era dotado de uma mente brilhante.

PRACTICED IN/AT

experiente, perito

*She was very **practiced in** hiding her feelings.*
Ela era especialista em ocultar seus sentimentos.

PREAMBLE TO

preâmbulo, introdução

*In every speech he delivers he quotes the **preamble to** the Universal Declaration of Human Rights.*
Em todo discurso que faz, ele cita o preâmbulo da Declaração Universal dos Direitos Humanos.

PRECEDENCE OVER

prioridade

*In his conception of society, the rights of the community should take **precedence over** the rights of its individual members.*
Em sua concepção de sociedade, os direitos da comunidade devem ter prioridade sobre os direitos dos indivíduos.

PRECEDENT FOR

precedente

*The lawyer spent the whole weekend trying to find a **precedent for** the case.*

O advogado passou o fim de semana inteiro tentando encontrar um precedente para o caso.

PREDILECTION FOR

predileção

*George Mikes, commenting on English people's **predilection for** queuing, wrote that 'an Englishman, even if he is alone, forms an orderly queue of one.'*
George Mikes, comentando a predileção dos ingleses por filas, escreveu que 'um inglês, mesmo quando sozinho, forma uma fila ordeira de um só.'

PREDISPOSITION TO/TOWARDS

predisposição, tendência, propensão

*Cancer seems to attack those with a **predisposition to** depression.*
O câncer parece acometer as pessoas que apresentam uma predisposição para a depressão.

PRELUDE TO

prenúncio

*Many people fear that the economic crisis in Greece may be a **prelude to** a greater disaster.*
Muita gente teme que a crise econômica da Grécia possa ser o prenúncio de um desastre ainda maior.

PREOCCUPATION WITH

preocupação

*Her decision to leave her highly paid job and stay with her children shows a **preoccupation with** family matters.*
Sua decisão de abrir mão de um emprego muito bem remunerado para ficar com os filhos mostra uma preocupação com os assuntos familiares.

PREOCCUPIED WITH

preocupado, absorvido

***Preoccupied with** his work, he hardly noticed what was going on in his family.*
Preocupado com o trabalho, ele não percebia o que se passava com sua família.

PREPARATION FOR

preparativo, preparação

*The whole family is very busy making **preparations for** our vacation.*
A família toda está muito ocupada com os preparativos para as férias.

PREPARED FOR

preparado

*He's not **prepared for** playing for Brazil in the World Cup.*
Ele não está preparado para jogar pelo Brasil na Copa do Mundo.

PREQUEL TO

filme que desenvolve uma história que se passa antes dos fatos mostrados em um outro filme que tenha se tornado um sucesso de bilheteria

*He said his next film will be a **prequel to** 'Romeo and Juliet'.*
Ele disse que seu próximo filme será sobre os antecedentes de *Romeu e Julieta*.

PRESSED FOR

desprovido de

*I went up to him because I was **pressed for** money and I had to pay the rent.*
Eu recorri a ele porque estava sem dinheiro e precisava pagar o aluguel.

PRIMACY OVER

primazia

*Should the EU Constitution have **primacy over** the national constitutions of the European State members?*
A Constituição da União Europeia deve ter primazia sobre as constituições nacionais dos países-membros?

PROFICIENT IN/AT

versado, conhecedor

*You got all the answers right? Then you're **proficient in** English! Congratulations!*
Você acertou todas as perguntas? Então você já domina o inglês! Parabéns!

PROHIBITION AGAINST

proibição

*For both the Jews and Muslims there is a strict **prohibition against** eating pork.*
Tanto para os judeus como para os muçulmanos há a estrita proibição de comer carne de porco.

PROPORTIONAL TO

proporcional

*The tax to be paid is to be **proportional to** the income earned.*

O imposto a ser pago deve ser proporcional à renda auferida.

PROPORTIONATE TO

proporcional

The length should be ***proportionate to*** *the width.*
O comprimento tem de ser proporcional à largura.

PROTECTION AGAINST

proteção

Healthy food can provide a ***protection against*** *a number of diseases.*
Uma alimentação saudável pode proporcionar uma proteção contra várias doenças.

PROTEST AGAINST

protesto

He began to fast to express his ***protest against*** *the food inmates are given.*
Ele começou um jejum para exprimir seu protesto contra a comida que é servida aos detentos.

PROUD OF

orgulhoso, satisfeito

*I'm sure Dad would be **proud of** me if he could see me now.*
Tenho certeza de que o papai ficaria orgulhoso de mim se pudesse me ver agora.

PROXIMITY TO

proximidade

*In those days there was always a brewery in close **proximity to** the monastery, where monks prepared their own beer.*
Naquela época, sempre havia uma cervejaria nas proximidades do mosteiro, onde os monges preparavam sua própria cerveja.

Q

QUALIFIED FOR

qualificado, habilitado

*In my opinion, she is well **qualified for** the post she holds.*
Na minha opinião, ela está habilitada para o cargo que ocupa.

QUARREL WITH

briga, discussão

*He left for New York in 1923 after a **quarrel with** his wife.*
Ele foi para Nova Iorque em 1923, depois de uma briga com a esposa.

QUEST FOR

busca, procura

*The **quest for** happiness is inherent to man.*
A procura da felicidade é inerente ao homem.

R

RECEPTIVE TO

receptivo, aberto

*We must be **receptive to** new ideas.*
Temos de estar abertos a novas ideias.

RECOMPENSE FOR

recompensa, indenização

*He was offered an important assignment in **recompense for** his fidelity.*
Foi-lhe oferecida uma missão importante em recompensa por sua fidelidade.

RECOVERY FROM/IN

recuperação

The pilot is making an extraordinary ***recovery from*** *the injuries he suffered in the accident.*
O piloto está tendo uma recuperação extraordinária dos ferimentos que sofreu no acidente.

REDOLENT WITH/OF

que tem ou lembra o cheiro de algo

The old house was ***redolent with*** *the sweet scent of roses.*
A velha casa tinha o doce aroma de rosas.

REDUCIBLE TO

redutível, que pode ser reduzido

The art of cooking is not ***reducible to*** *recipes, preparation and ingredients.*
A arte da culinária não pode ser reduzida a receitas, modo de preparo e ingredientes.

REFERENCE TO

referência, alusão, menção

In his poems he never makes any ***reference to*** *God.*
Em seus poemas ele nunca faz nenhuma referência a Deus.

RELATED TO

ligado, relacionado

*Education should be **related to** social change rather than to the mere acquisition of information.*
A educação deve estar ligada a mudanças sociais mais do que à simples aquisição de informações.

aparentado

*He believed he was somehow **related to** Pedro Alvares Cabral.*
Ele acreditava que era de alguma forma aparentado com Pedro Álvares Cabral.

RELEVANCE TO

relevância, importância

*No one would dare to question the **relevance** of his ideas **to** the issue in hand.*
Ninguém se atreveria a questionar a relevância de suas ideias para o assunto em pauta.

RELEVANT TO

relevante, importante

*You've got to focus on what is really **relevant to** your work.*
Você tem que se concentrar no que é verdadeiramente importante para o seu trabalho.

RELIANCE ON

dependência

The international economic community will have to find ways to reduce Greek ***reliance on*** *EU financial support.*
A comunidade econômica internacional terá de encontrar uma maneira de reduzir a dependência grega do apoio financeiro da União Europeia.

RELIANT ON

dependente

Old Mr. Carter was now ***reliant on*** *his daughter for his survival.*
O velho senhor Carter agora dependia da filha para sobreviver.

RENDEZVOUS WITH

encontro

He arrived at his ***rendezvous with*** *Mr. Sims five minutes late.*
Ele chegou ao encontro com o senhor Sims cinco minutos atrasado.

RENOWNED AS/FOR

renomado, famoso

*As you know, she is not **renowned for** her modesty.*
Como você sabe, ela não é famosa por sua modéstia.

REPLETE WITH

cheio, repleto

*His speeches were often **replete with** hatred and bitterness.*
Seus discursos eram quase sempre repletos de ódio e amargura.

REPLY TO

resposta

*Every day his **reply to** my question 'Who's there?' was invariably 'No one.'*
Todo dia a resposta dele à minha pergunta "Quem está aí?" invariavelmente era "Ninguém".

REPORT ON

relatório

*Is the **report on** the accident ready yet?*
O relatório sobre o acidente já está pronto?

RESEARCH INTO/ON

pesquisa

Dr. Weber is now carrying on ***research into*** *the treatment of breast cancer.*
O Dr. Weber está no momento realizando uma pesquisa sobre o tratamento do câncer de mama.

RESENTMENT AT/AGAINST/OVER/ TOWARDS

ressentimento, rancor

She never disguised her ***resentment towards*** *him.*
Ela nunca disfarçou seu ressentimento contra ele.

RESOLUTE IN

resoluto, decidido

He has always been ***resolute in*** *the pursuit of his goals.*
Ele sempre se mostrou resoluto na concretização de suas metas.

RESOURCED WITH

equipado, dotado de recursos

The school biology lab is ***resourced with*** *very modern equipment.*
O laboratório de biologia da escola é dotado de um equipamento bem moderno.

RESPECT FOR

respeito

*We all have great **respect for** the Pope.*
Nós todos temos muito respeito pelo Papa.

RESPECTFUL OF/TO/TOWARDS

respeitoso

*I must admit that not always have I been **respectful to** him.*
Devo admitir que nem sempre eu fui respeitoso com ele.

RESPITE FROM

pausa, trégua

*For a brief period of time there was a **respite from** the heat of the past few days.*
Por um breve período de tempo o calor dos últimos dias deu uma trégua.

RESPONSE TO

resposta

*I am writing in **response to** the article you wrote about euthanasia.*
Estou escrevendo em resposta ao artigo que o senhor escreveu a respeito da eutanásia.

reação, efeito

*We were disappointed at his first **response to** the treatment.*
Ficamos decepcionados com sua reação inicial ao tratamento.

RESPONSIBILITY FOR

responsabilidade

*We take full **responsibility for** the acts of our staff.*
Assumimos toda a responsabilidade por atos praticados por nossa equipe.

RESPONSIBLE FOR

responsável

*She said she felt **responsible for** that Haitian boy.*
Ela disse que se sentia responsável por aquele garoto do Haiti.

RESPONSIVE TO

receptivo, sensível, alerta

*A good politician should be more **responsive to** the people's needs.*
Um bom político deve estar atento às necessidades do povo.

RESTRAINT ON

restrição, limitação

The Greek government will have to place a severe ***restraint on*** *public spending.*
O governo grego terá de impor severas restrições aos gastos públicos.

RESTRICTION ON

restrição

During those years the government imposed severe ***restrictions on*** *disclosure of information.*
Durante aqueles anos o governo impunha severas restrições à divulgação de informações.

RETICENT ABOUT

reticente, evasivo

She was always ***reticent about*** *her past.*
Ela sempre se mostrou evasiva a respeito do seu passado.

RETRIBUTION FOR

retribuição

Has he ever received any recognition in ***retribution for*** *his dedication to the cause?*

Alguma vez ele recebeu algum reconhecimento em retribuição à sua dedicação à causa?

castigo, punição

*Several people were hanged in **retribution for** their colaboration with the Nazis during the war.*
Várias pessoas foram enforcadas como castigo por sua colaboração com os nazistas durante a guerra.

REVERENCE FOR

reverência, veneração

*As an Indian, I feel a great **reverence for** nature.*
Como índio, eu sinto uma grande reverência pela natureza.

REVERSION TO

volta, retorno

*The **reversion** of Hong Kong **to** Chinese sovereignty took place in 1997.*
O retorno de Hong Kong à soberania chinesa deu-se em 1997.

REVULSION AGAINST/AT

repulsa, aversão

*She shook her head with **revulsion at** the barbarous crime he had committed.*

Ela balançou a cabeça num gesto de repulsa contra o bárbaro crime que ele cometera.

REWARD FOR

recompensa, prêmio

*I think he deserves a **reward for** his loyalty.*
Acho que ele merece uma recompensa por sua lealdade.

RIDDANCE TO

expressão de alívio usada quando uma pessoa se livra de algo ou alguém indesejável

*I would be lying if I said I'm not glad to see the back of him. So goodbye and good **riddance to** him.*
Eu estaria mentindo se dissesse que não estou contente de vê-lo pelas costas. Tchau. Já vai tarde.

RIDDLED WITH

cheio, repleto

*His confession was **riddled with** remorse.*
A confissão dele estava repleta de remorso.

ROBED IN

vestido

*The knight, all **robed in** black, stepped forward and knelt before the King.*
O cavaleiro, todo vestido de negro, deu um passo adiante e ajoelhou-se diante do rei.

S

SAFEGUARD AGAINST

salvaguarda, defesa, proteção

*Faith acts as a **safeguard against** hopelessness.*
A fé funciona como uma defesa contra a desesperança.

SATED WITH

farto, saciado

*After listening to Wagner's 'Der Ring des Nibelungen' I was **sated with** opera!*
Depois de ouvir O *Anel de Nibelungen* de Wagner eu estava farto de ópera!

SATISFIED WITH

satisfeito

*She looked in the mirror and seemed **satisfied with** her hair.*
Ela olhou para o espelho e pareceu satisfeita com o penteado.

SCAPEGOAT FOR

bode expiatório

*They've made him a **scapegoat for** what happened, which is quite unfair.*
Transformaram-no em bode expiatório pelo que aconteceu, o que é muito injusto.

SCARED OF

com medo

*The only thing Asterix is **scared of** is that the sky falls on his head.*
A única coisa de que Asterix tem medo é que o céu lhe caia sobre a cabeça.

SCATHING ABOUT

contundente, cáustico

*He was **scathing about** the so-called 'free electoral campaign on TV' in Brazil.*
Ele era muito cáustico a respeito da assim chamada "campanha eleitoral gratuita na TV" no Brasil.

SCEPTICAL ABOUT/OF

cético

*I confess I'm **sceptical about** his chances of victory.*

Confesso que tenho dúvidas sobre as chances dele de vitória.

SEPARATE FROM

separado, independente

*The boys' dormitory is **separate from** the girls', of course.*
O dormitório dos meninos fica separado do das meninas, é claro.

SEQUEL TO

filme ou romance que é a continuação de filme ou romance anterior

*He said his next film will be a **sequel to** 'Dry Lives'.*
Ele disse que seu próximo filme será sobre a sequência de *Vidas Secas*.

SHIRTY WITH

zangado, bravo, grosseiro

*I was a bit **shirty with** her.*
Eu fui um pouco grosseiro com ela.

SHORTFALL IN

queda, diminuição, déficit

*A **shortfall in** plastic supplies might have a catastrophic effect on the automotive industry.*
Uma diminuição no fornecimento de plástico poderia ter um efeito catastrófico na indústria automobilística.

SILHOUETTED AGAINST

mostrado em silhueta

***Silhouetted against** the sun-setting sky, Mount Travis seemed more majestic than ever.*
Projetado contra o pôr do sol, o Monte Travis parecia mais majestoso do que nunca.

SIMILAR TO

semelhante

*Spanish is **similar to** Portuguese in many ways.*
O espanhol é semelhante ao português de muitas maneiras.

SKILL AT/IN

habilidade, jeito, arte

*She was renowned for her **skill at** singing to the harp.*
Ela era famosa por sua habilidade de cantar ao som da harpa.

SKILLFUL AT/IN

habilidoso, jeitoso

*He is very **skillful at** the art of voice impersonating.*
Ele é muito habilidoso para imitar vozes.

SKIT ON

paródia, imitação grotesca

*The Casseta and Planeta comedians are constantly doing **skits on** politicians.*
Os comediantes do Casseta e Planeta estão sempre fazendo paródia com os políticos.

SLUR ON

difamação, calúnia, injúria

*I consider this a monstrous **slur on** my reputation.*
Eu considero isto uma calúnia monstruosa contra minha reputação.

SOLUTION TO

solução, resposta

*We're trying to find a **solution to** the problem of toxic waste.*
Estamos tentando encontrar uma solução para o problema do lixo tóxico.

SOP TO

algo que se dá a alguém para acalmar ou conquistar seu apoio

As a sop to angry members of several religious groups, on the issue of abortion both candidates declared to be for life.
Para acalmar os irados membros de vários grupos religiosos, na questão do aborto ambos os candidatos declararam ser a favor da vida.

SORROW AT

dor, tristeza profunda

The black ribbon on his right arm was a sign of ***sorrow at*** *her father's death.*
A fita preta em seu braço direito era um sinal de tristeza profunda pela morte do pai dela.

SPANGLED WITH

brilhante, coberto de lantejoulas

The mermaid's breasts were ***spangled with*** *little stars.*
Os seios da sereia estavam recobertos de estrelinhas.

SPARING WITH/IN/OF

econômico, comedido

Shy as he was, he's always been ***sparing with*** *words.*

Tímido que era, ele sempre foi econômico com as palavras.

SPEECHLESS WITH

sem fala, mudo

*When I saw what they were doing to the old man, I was **speechless with** indignation.*
Quando vi o que estavam fazendo com o velho, fiquei sem fala, de tanta indignação.

SQUEAMISH ABOUT

delicado, sensível

*If you're so **squeamish about** blood, you shouldn't have gone in for medicine.*
Se você é tão sensível em relação a sangue, você não devia ter feito medicina.

STARVED OF

carente

*All of a sudden his brain was **starved of** oxygen.*
De repente, seu cérebro ficou sem oxigênio.

STEADFAST IN

firme, fiel

*She remained **steadfast in** her determination to become a nun.*
Ela permaneceu firme em sua determinação em se tornar uma freira.

STICKLER FOR

fanático, obcecado

*Professor Pina was a **stickler for** the purity of the language.*
O Professor Pina era obcecado pela pureza da língua.

STRANGLEHOLD ON

controle, domínio

*Votorantim has a **stranglehold on** the cement market in Brazil.*
A Votorantim detém o domínio do mercado do cimento no Brasil.

STRIATED WITH

marcado por estrias

*Two consecutive pregnancies had left her belly **striated with** strain lines.*

Duas gestações em sequência tinham deixado a barriga dela marcada por estrias.

STRICKEN BY/WITH

atingido, afetado

Stricken by *remorse, he confessed his crime.*
Corroído pelo remorso, ele confessou o crime.

STRICTURE ON/AGAINST

crítica, censura

Once again Pope Benedict XVI maintained his ***strictres against*** *gay marriage.*
Mais uma vez o Papa Bento XVI manteve suas críticas contra o casamento de homossexuais.

restrição, limitação

The European Central Bank has imposed severe ***strictures on*** *Greece's fiscal policy.*
O Banco Central Europeu impôs severas restrições à política fiscal da Grécia.

SUBJECT TO

sujeito

Even the king is ***subject to*** *the laws of the land.*
Até mesmo o rei está sujeito às leis da terra.

SUBMISSIVE TO

submisso

*She was from a time when a woman was taught to be **submissive to** her husband.*
Ela era de um tempo em que a mulher era ensinada a ser submissa ao marido.

SUBSERVIENT TO

subserviente

*In those days the media was clearly **subservient to** the military government.*
Naquela época a mídia era claramente subserviente ao governo militar.

SUBSTITUTE FOR

substituto

*The coach could use Julio Batista as a **substitute for** the injured Kaka.*
O técnico poderia usar Júlio Batista como substituto para o contundido Kaká.

SUGGESTIVE OF

sugestivo, que faz lembrar

"Defensive driving" is a relatively new expression ***suggestive of*** *the necessity to anticipate dangerous situations in the traffic environment.*
"Direção defensiva" é uma expressão relativamente nova, que sugere a necessidade de o motorista antecipar-se a situações perigosas no tráfego.

SUITABLE FOR

adequado, apropriado, oportuno

A film like that was not ***suitable for*** *children.*
Um filme como aquele não era adequado para crianças.

SUITED TO

apropriado, adequado

The northern climate seems to be ***suited to*** *the cultivation of mangoes, melons and other tropical fruits.*
O clima no norte parece apropriado para o cultivo de mangas, melões e outras frutas tropicais.

SURCHARGE ON

sobretaxa

*'A **surcharge on** credit card bills is out of the question!' he said.*
"Uma taxa extra nas contas pagas com cartão de crédito está fora de questão!", ele disse.

SURE OF

certo, seguro

*At the moment it is too soon to be **sure of** what caused the accident.*
No momento é muito cedo para se ter certeza do que causou o acidente.

SURPRISED AT/BY

surpreso

*She was a little **surprised at** her sudden popularity.*
Ela ficou um pouco surpresa com sua súbita popularidade.

SURROGATE FOR

substituto

*Vitamin pills are not a **surrogate for** a healthy diet.*
As pílulas de vitaminas não substituem uma dieta saudável.

SUSCEPTIBLE TO

susceptível, sensível

*Indians are particularly **susceptible to** white men's diseases.*
Os índios são particularmente susceptíveis às doenças provocadas pelo homem branco.

SUSPICIOUS ABOUT/OF

desconfiado

*The police were **suspicious about** the origin of his wealth.*
A polícia estava desconfiada da origem de sua fortuna.

SWIPE AT

golpe, pancada

*When the woman saw the spider she took a **swipe at** it with her broom.*
Ao ver a aranha, a mulher desferiu-lhe um golpe com a vassoura.

ataque

*In a **swipe at** the President, the Leader of the Opposition called him a dictator in disguise.*
Num ataque ao presidente, o líder da oposição chamou-o de ditador disfarçado.

SYMPATHETIC TO

compreensivo, bondoso, receptivo

*At first the villagers were **sympathetic to** the UN soldiers, but they soon changed their minds.*
No início, os habitantes da vila se mostraram receptivos aos soldados da ONU, mas logo mudaram de ideia.

SYNONYM FOR

sinônimo

*Chanel stands supreme as the **synonym for** elegance.*
Chanel permanece imbatível como sinônimo de elegância.

SYNONYMOUS WITH

sinônimo, que tem o mesmo significado

*His name became **synonymous with** corruption.*
O nome dele se tornou sinônimo de corrupção.

TALENT FOR

talento

*Nobody ever questioned her **talent for** music.*
Nunca ninguém questionou o talento musical dela.

TANTAMOUNT TO

equivalente

Her smile was ***tantamount to*** *a confession of guilt.*
Seu sorriso foi o equivalente a uma confissão de culpa.

TENDENCY TO/TOWARDS

tendência

His ***tendency towards*** *abstraction makes his texts difficult to understand.*
Sua tendência para a abstração torna seus textos difíceis de entender.

TERRIFIED OF

apavorado, com medo

She was ***terrified of*** *growing old.*
Ela tinha horror de envelhecer.

TESTAMENT TO

testemunho, prova

The number of visitors to Graceland every year is ***testament to*** *Elvis Presley's popularity.*
O número de visitantes a Graceland todo ano é prova da popularidade de Elvis Presley.

THANKFUL FOR

agradecido, grato

'Well,' he said, 'at least that's something to be ***thankful for.'***
"Bem", disse ele, "pelo menos isso já é alguma coisa para a gente se sentir agradecido."

THRALL OF/TO

domínio, escravidão

She would do anything to escape the ***thrall of*** *his tyranny.*
Ela faria qualquer coisa para escapar do domínio da tirania dele.

THROWBACK TO

volta ao passado

I'm afraid his nationalistic ideas are a ***throwback.***
Acho que suas ideias nacionalistas são uma volta ao passado.

TINGED WITH

mesclado, misturado

My pity for him was now ***tinged with*** *hatred.*
A pena que eu sentia dele se misturava agora com o ódio.

TIRADE AGAINST

discurso veemente contra algo ou alguém

*The Venezuelan President launched another disgusting **tirade against** the Americans.*
O presidente da Venezuela fez mais um discurso lamentável contra os americanos.

TOGETHER WITH

juntamente

*Fill in this coupon and put it in an envelope, **together with** two labels of our products.*
Preencha este cupom e coloque-o num envelope, juntamente com dois rótulos de nossos produtos.

TOLERANCE TO

tolerância

*I have very little **tolerance to** incompetence.*
Eu não tolero incompetência.

TOLERANT OF

tolerante

*These plants are surprisingly **tolerant of** heat.*
Estas plantas, surpreendentemente, toleram muito bem o calor.

TRANSLATION INTO

tradução

*John Wycliff is reported to have made the first **translation of** the Bible into English.*
Conta-se que John Wycliff fez a primeira tradução da Bíblia para o inglês.

TRANSMUTATION INTO

transformação

*In the Middle Ages the alchemists' dream was the **transmutation of** any metal into gold.*
Na Idade Média, o sonho dos alquimistas era a transformação de qualquer metal em ouro.

TREATISE ON

tratado, estudo aprofundado sobre um assunto

*Voltaire published his **Treatise on** Toleration in 1763.*
Voltaire publicou seu Tratado sobre a Tolerância em 1763.

TRY AT

tentativa

*It's stupid to say you can't do it if you don't even have a **try at** it.*

É uma estupidez dizer que você não consegue se você nem sequer faz uma tentativa.

TYPICAL OF

típico

*Standing in a queue is **typical of** the English character.*
Fazer fila é típico da personalidade do inglês.

U

UNACCOUNTABLE TO

irresponsável, que não dá satisfações

*Most politicians are completely **unaccountable to** the people who elected them.*
A maioria dos políticos não dá satisfação às pessoas que os elegeram.

UNACCOUNTED FOR

desaparecido

*At the end of the day 12 marines were **unaccounted for.***
No fim do dia 12 fuzileiros navais estavam desaparecidos.

inexplicável

The explosion that killed the astronauts is still unaccounted for.
A explosão que matou os astronautas ainda não foi devidamente esclarecida.

UNACCUSTOMED TO

não acostumado

*She was **unaccustomed to** looking at people in the eye.*
Ela não estava acostumada a olhar as pessoas nos olhos.

UNACQUAINTED WITH

não familiarizado, não acostumado

*She was **unacquainted with** that sort of language.*
Ela não estava acostumada com esse tipo de linguagem.

UNBECOMING TO

inconveniente, impróprio, indigno

*His words were considered to be **unbecoming to** Congress.*
Suas palavras foram consideradas indignas do Congresso.

UNBEKNOWNST TO

desconhecido, sem conhecimento

*She's famous for her radiant smile but, **unbeknownst to** her fans, she wears dentures!*
Ela é famosa por seu sorriso radiante, mas, sem que seus fãs tenham conhecimento, ela usa dentadura!

UNCHARACTERISTIC OF

atípico

*A comment like that would have been **uncharacteristic of** him.*
Um comentário como esse teria sido atípico da parte dele.

UNCONSCIOUS OF

inconsciente, não a par

*In her innocence, she was totally **unconscious of** her beauty.*
Em sua inocência, ela não tinha a menor consciência de sua beleza.

UNCONVINCED OF

não convencido

*I'm still **unconvinced of** the benefits of that treatment.*
Eu ainda não estou convencido dos benefícios desse tratamento.

UNCRITICAL OF

não exigente, que aceita sem discutir

*He is a socialist, but that doesn't mean that he is **uncritical of** Marx and Engels.*

Ele é um socialista, mas isso não significa que ele aceite sem discutir as ideias de Marx e Engels.

UNDAUNTED BY

sem medo

*'This administration is **undaunted by** threats,' said the Secretary of State yesterday.*
"Este governo não tem medo de ameaças", afirmou ontem a Secretária de Estado.

UNDERSTUDY TO

ator substituto

*Paul Newman began his career as an **understudy to** Stewart Mills in 'Departures'.*
Paul Newman começou sua carreira como substituto do ator Stewart Mills em *Partidas*.

UNFAITHFUL TO

infiel

*Was Capitu **unfaithful to** Bentinho?*
Capitu foi infiel a Bentinho?

UNFAMILIAR WITH/TO

não familiarizado

*The computer manual was full of technical terms that I was **unfamiliar with**.*
O manual do computador estava cheio de termos técnicos com os quais eu não estava familiarizado.

estranho

*That whistle didn't sound **unfamiliar to** me.*
Aquele assobio não me soava estranho.

UNFIT FOR

inadequado, inconveniente, impróprio

*That fish was **unfit for** consumption.*
Aquele peixe era impróprio para consumo.

inapto

*His son has been pronounced **unfit for** military service.*
Seu filho foi considerado sem condições de servir o exército.

UNGRATEFUL FOR

ingrato

*Don't think I'm **ungrateful for** what you guys have done for me.*

Não pense que eu sou ingrato por tudo que vocês fizeram por mim.

UNINTERESTED IN

não interessado, desinteressado

*He is apparently **uninterested in** the money he inherited.*
Ele aparentemente não está interessado no dinheiro que herdou.

UNKIND TO

indelicado, grosseiro

*How could I ever be **unkind to** her?*
Como eu poderia ser indelicado com ela?

UNMINDFUL OF

descuidado, inconsciente

***Unmindful of** the snow, he sat on the front porch, smoking his pipe and waiting, just waiting.*
Sem se dar conta da neve, ele se sentou na varanda, fumando cachimbo e esperando, só esperando.

UNPOPULAR WITH

impopular, malquisto

His remarks on the 'fragile sex' made him quite ***unpopular with*** *women.*
Seus comentários a respeito do "sexo frágil" tornaram-no muito impopular entre as mulheres.

UNQUALIFIED FOR

não qualificado, sem qualificação profissional

Many people believed that he was ***unqualified for*** *the presidency.*
Muita gente pensou que ele não estava qualificado para a presidência.

UNRELATED TO

não relacionado, sem relação

The deaths of those two patients are ***unrelated to*** *the epidemic of dengue that has affected the city.*
A morte daqueles dois pacientes não tem relação com a epidemia de dengue que atingiu a cidade.

UNRESPONSIVE TO

não receptivo, sem reação

The doctor who examined him found him rather apathetic and ***unresponsive to*** *the treatment.*

O médico que o examinou achou-o bem apático e sem reação ao tratamento.

UNSATISFIED WITH

insatisfeito

*The coach was visibly **unsatisfied with** the team.*
O treinador estava visivelmente insatisfeito com o time.

UNSPARING IN

impiedoso, duro

*The journalist was **unsparing in** his criticism of Woody Allen's latest movie.*
O jornalista foi impiedoso com o último filme de Woody Allen.

UNSUITABLE FOR

inadequado, inoportuno, impróprio

*This soil is **unsuitable for** growing vegetables.*
Este solo é impróprio para o cultivo de verduras.

UNSUITED TO

inadequado, inapropriado, incompatível

*That old hospital, with its unsatisfactory facilities, seems totally **unsuited to** modern medicine.*

Aquele velho hospital, com suas instalações insatisfatórias, parece totalmente incompatível com a medicina moderna.

UNSURE ABOUT/OF

incerto, inseguro, em dúvida

I've always thought him to be quite honest, but I'm beginning to feel ***unsure about*** *it.*
Eu sempre o considerei muito honesto, mas estou começando a ficar em dúvida sobre isso.

UNSURPRISED AT/BY

não surpreso

They all appeared to be ***unsurprised at*** *his eccentricities.*
Nenhum deles pareceu surpreso com suas excentricidades.

UNSYMPATHETIC TO

insensível, sem consideração

In the early 30's in Germany those who were ***unsympathetic to*** *the Nazi Party lost their jobs and had to run away.*
Nos primeiros anos da década de 30 na Alemanha, os que não aderiram ao Partido Nazista perderam seus empregos e tiveram que fugir.

UNTYPICAL OF

atípico, incomum

*It was **untypical of** him to be so kind to his employees.*
Era incomum da parte dele ser gentil com os empregados.

UNUSED TO

não habituado

*As a scientist, he was **unused to** the media spotlight.*
Como cientista, ele não estava acostumado com os holofotes da mídia.

UNVERSED IN

ignorante em um determinado assunto

*The Bolivian President is **unversed in** diplomatic language and definitely doesn't know how to address a queen!*
O presidente boliviano não conhece a linguagem diplomática e definitivamente não sabe como se dirigir a uma rainha!

UNWORTHY OF

indigno, indecoroso

*The e-mail he sent me is so rude that it is **unworthy of** a reply.*

O e-mail que ele me enviou é tão grosseiro que nem é digno de uma resposta.

UNYIELDING IN/ON

firme, inflexível

*He was **unyielding in** his efforts to prove his innocence.*
Ele não estava disposto a ceder em seus esforços para provar sua inocência.

UPDATE ON

as últimas notícias

*He said he would give a brief **update on** the project at the meeting tomorrow morning.*
Ele disse que daria as últimas notícias sobre o projeto na reunião de amanhã de manhã.

V

VACCINATION AGAINST

vacinação

*Large scale **vaccination against** H1N1 flu virus was started in 2010.*
A vacinação em larga escala contra o vírus da gripe H1N1 começou em 2010.

VACCINE AGAINST

vacina

*A **vaccine against** HIV infection has not been developed yet.*
Ainda não foi desenvolvida uma vacina contra o vírus da Aids.

VENGEANCE ON/UPON

vingança

*He swore **vengeance on** all who had defied his authority.*
Ele jurou vingança contra todos os que haviam desafiado sua autoridade.

VERSED IN

versado, conhecedor

*As a dentist, he was not **versed in** the subtleties of the law.*
Como dentista, ele não era versado nas sutilezas da lei.

VETO ON

veto

*The Security Council can impose a **veto on** Iran sanctions.*

O Conselho de Segurança pode impor um veto às sanções contra o Irã.

VEXED AT/WITH

irritado, aborrecido

*It's him that I'm **vexed at**, not you!*
É com ele que eu estou aborrecido, não com você!

VOGUE FOR

voga, moda

*Vitamin supplements are out. Now there's a **vogue for** whole grains, such as quinoa and linseed.*
Os suplementos vitamínicos já eram. Agora a moda são os cereais integrais, como quinua e linhaça.

VULNERABLE TO

vulnerável

*Dogs and rabbits are particularly **vulnerable to** poisonous snakes, but mongooses appear to be immune.*
Os cachorros e os coelhos são particularmente vulneráveis às cobras venenosas, mas os mangustos parecem imunes.

WAGER ON

aposta

*I wouldn't put a **wager on** that horse if I were you.*
Eu não apostaria naquele cavalo, se fosse você.

WAIT FOR

espera

*Wherever the Emperor went a bowl of tropical fruit lay in **wait for** him.*
Onde quer que o Imperador fosse, havia sempre uma tigela de frutas tropicais à sua espera.

WANTING IN

desprovido, destituído

*His research on aminoacids proved to be **wanting in** scientific credibility.*
Suas pesquisas com aminoácidos se mostraram destituídas de credibilidade científica.

WARRANT FOR

mandado

*Judge Jenkins issued a **warrant for** Peter Langston's arrest.*
O juiz Jenkins expediu um mandado de prisão para Peter Langston.

WARY OF

cauteloso, prudente

*Tourists are advised to be **wary of** pickpockets.*
Aconselha-se que os turistas tomem cuidado com os batedores de carteira.

WEIGHTED AGAINST/IN FAVOR OF

feito para contrariar/favorecer os interesses de um grupo

*It seems that the law in Brazil is **weighted in favor of** the criminal, not the honest citizen.*
Parece que a lei no Brasil tende a favorecer o criminoso, não o cidadão honesto.

WELL-DISPOSED TO/TOWARDS

aberto, simpático, favorável

*The law students were not **well-disposed to** the principal's intention to put down the old library.*
Os estudantes de direito não foram favoráveis à intenção do diretor de derrubar a velha biblioteca.

WELL-ENDOWED WITH

dotado

*Unlike most mammals, men are not particularly **well-endowed with** the sense of smell.*

Ao contrário da maioria dos mamíferos, o homem não é particularmente bem dotado do senso do olfato.

WELL-GROUNDED IN

treinado, instruído

*My grandfather was **well-grounded in** sciences, particularly physics and chemistry.*
Meu avô tinha muito conhecimento de ciências, principalmente física e química.

WELL-VERSED IN

versado, conhecedor, experiente

*Only a surgeon **well-versed in** such a technique would be able to operate on her.*
Somente um cirurgião com muita experiência nessa técnica poderia operá-la.

WELTER OF

um grande número, uma grande quantidade

*That book of his has raised a **welter of** intriguing issues.*
Aquele livro dele levantou um grande número de questões intrigantes.

WORKED UP ABOUT

irritado, abalado

*What's the use of getting so **worked up about** it?*
De que adianta ficar tão irritado com isso?

WORRIED ABOUT

preocupado

*She's **worried about** her daughter.*
Ela está preocupada com a filha.

WORTHY OF

digno, merecedor

*São Paulo has many places **worthy of** mention.*
São Paulo tem muitos lugares dignos de menção.

WRANGLE ABOUT/OVER

discussão, briga

***Wrangles about** land rights have cost the lives of many people.*
Discussões sobre direitos de propriedade de terras já custaram a vida de muita gente.

WRAPPED UP IN

envolvido, absorto

*He was so **wrapped up** in his work that he didn't even notice when she left him.*
Ele estava tão envolvido com seu trabalho que nem notou quando ela o deixou.

YEARNING FOR

Y

desejo, anseio

*All over the world we can feel a great **yearning for** peace.*
Em todo o mundo pode-se sentir um grande anseio pela paz.

REGÊNCIA VERBAL

A

ABIDE BY

acatar, aceitar

*The Iranian government refuses to **abide by** US inspection conditions.*
O governo iraniano se recusa a acatar as condições de inspeção dos Estados Unidos.

ABSENT ONESELF FROM

ausentar-se

*He **absented** himself **from** the meeting.*
Ele não compareceu à reunião.

ABSTAIN FROM

abster-se

*Three senators **abstained from** voting.*
Três senadores se abstiveram de votar.

ABSTRACT FROM

abstrair, retirar

Several words have been ***abstracted from*** *the contexts in which they appeared.*
Várias palavras foram retiradas dos contextos em que elas apareceram.

separar

It's difficult to ***abstract*** *the bad things* ***from*** *the good ones.*
É difícil separar as coisas más das boas.

furtar

He ***abstracted*** *the wallet* ***from*** *my pocket.*
Ele tirou a carteira do meu bolso.

ABUT ON

confinar, estar junto de

His property ***abuts on*** *a stream.*
Sua propriedade fica à beira de um riacho.

ACCEDE TO

concordar, ceder

'I'm not prepared to ***accede to*** *such demands,' said the Prime Minister.*

"Não estou preparado para ceder a essas exigências", disse o primeiro-ministro.

subir de posição

*How old was Dom Pedro II when he **acceded to** the throne?*
Quantos anos tinha Dom Pedro II quando subiu ao trono?

ACCORD TO/WITH

dispensar um tratamento

*No special treatment was **accorded to** them.*
Não lhes dispensaram nenhum tratamento especial.

concordar, coincidir

*His version of the facts does not **accord with** the witness's testimony.*
A versão dele dos fatos não coincide com o depoimento da testemunha.

ACCOUNT FOR

justificar, explicar

*Spam **accounted for** 76% of all email in the US last month.*
As mensagens indesejadas foram responsáveis por 76% de todos os e-mails nos Estados Unidos no mês passado.

ACCRUE TO

caber

*They were talking about the assets which **accrued to** the family.*
Eles estavam falando dos bens que couberam à família.

ACCUSE OF

acusar

*How dare you **accuse** me **of** such a thing?*
Como você ousa me acusar de uma coisa dessas?

ACQUAINT WITH

familiarizar

*I'm sure you'll soon **acquaint** yourself **with** the new method.*
Tenho certeza de que o senhor vai se familiarizar logo com o novo método.

ACQUIESCE IN

aquiescer, concordar, ceder

*He felt inclined to **acquiesce in** the proposal.*
Ele se sentia inclinado a concordar com a proposta.

ADAPT FOR/TO

adaptar, modificar

*This method was **adapted for** use in schools in the 19th century.*
Este método foi adaptado para ser usado em escolas no século XIX.

adaptar-se, ajustar-se

*In order to survive we will simply have to **adapt to** these changes.*
A fim de sobreviver, nós teremos de simplesmente nos adaptar a estas mudanças.

ADJUST TO

adaptar, adaptar-se

*It took him a few seconds for his eyes to **adjust to** the gloom.*
Ele levou alguns segundos até que seus olhos se adaptassem à penumbra.

ADVERT TO

aludir, referir-se

*That matter was not **adverted to** at all at the previous meeting.*
Aquele assunto não foi tratado na reunião anterior.

AGREE WITH/ON

concordar

*Do you **agree with** me?*
Você concorda comigo?

*They **agreed on** most of the points of the proposal.*
Eles estavam de acordo quanto à maior parte dos pontos da proposta.

AIM AT

mirar, fazer pontaria em

*The hunter **aimed at** one of the wolves and shot.*
O caçador mirou num dos lobos e atirou.

ALERT TO

alertar

*Why hasn't anyone been **alerted to** the risk of a landslide?*
Por que ninguém foi alertado para o risco de um deslizamento de terra?

ALIGN WITH

aliar-se, unir-se, alinhar-se

*They decided to **align** themselves **with** the new political group.*
Eles resolveram se unir ao novo grupo político.

ALLOT TO

destinar, dar

*How much money will be **allotted to** the areas affected by the earthquake in Haiti?*
Quanto será destinado às áreas atingidas pelo terremoto no Haiti?

ALLUDE TO

aludir, referir, mencionar

*He briefly **alluded to** the problems his company was facing.*
Ele mencionou brevemente os problemas que sua firma estava enfrentando.

APOLOGIZE TO SOMEONE FOR SOMETHING

desculpar-se, pedir desculpas

*I **apologized to** her **for** making her wait.*
Eu lhe pedi desculpas por fazê-la esperar.

APPEAL TO

apelar

*He **appealed to** them for help.*
Ele apelou para eles, pedindo ajuda.

recorrer de uma decisão desfavorável

His lawyer said he would ***appeal****.*
Seu advogado disse que iria apelar.

atrair

Horror films seem to ***appeal to*** *teenagers.*
Os filmes de terror parecem atrair os adolescentes.

APPEND TO

acrescentar, anexar, juntar

The new message was ***appended to*** *the link.*
A nova mensagem foi anexada ao link.

APPORTION AMONG

dividir, repartir

The three men ***apportioned*** *all the expenses* ***among*** *them.*
Os três homens dividiram todas as despesas entre eles.

APPRISE OF

avisar, notificar

All the students were ***apprised of*** *the new time table.*
Todos os alunos foram avisados do novo horário.

APPROVE OF

aprovar, estar de acordo

I'm sure your father would not ***approve of*** *such films.*
Tenho certeza de que seu pai não aprovaria esses filmes.

APPROXIMATE TO

aproximar-se, parecer-se

We hope the results of the experiment will ***approximate to*** *some 'ideal' measure.*
Esperamos que o resultado da experiência se aproxime de uma medida "ideal".

ARGUE WITH SOMEONE ABOUT SOMETHING

discutir

If there's something I never ***argue with*** *my wife* ***about*** *is money.*
Se há algo que eu nunca discuto com minha mulher é dinheiro.

ASCRIBE TO

atribuir

The success of the attack can be ***ascribed to*** *the captain's ingenuity.*

O êxito do ataque pode ser atribuído à engenhosidade do capitão.

ASSENT TO

concordar

They ***assented to*** *our suggestions.*
Eles concordaram com nossas sugestões.

ASSOCIATE WITH

associar, ligar

She ***associated*** *the way he looked at her* ***with*** *insanity.*
Ela associava o jeito como ele olhava para ela com insanidade.

associar-se, filiar-se

When he was young, he ***associated with*** *the Communist Party.*
Quando jovem, ele se filiou ao Partido Comunista.

conviver

Criminals generally ***associate with*** *those of their own class.*
Os criminosos geralmente convivem com pessoas de sua própria classe.

ATONE FOR

expiar, reparar

*He was willing to do anything to **atone for** his sin.*
Ele estava disposto a fazer qualquer coisa para expiar seu pecado.

ATTACH TO

ligar, juntar

*An electronic chip was **attached to** the dog's collar.*
Um chip eletrônico foi conectado à coleira do cachorro.

anexar, juntar

***Attached to** the email, you will find a copy of the document.*
Anexada ao formulário, segue uma cópia do documento.

conferir, atribuir

*Those messages reflected the importance the public **attached to** the incident.*
Essas mensagens refletiam a importância que o público atribuía ao incidente.

ATTEND TO

atender

*She had to **attend to** the General and the other guests in the drawing-room.*

Ela precisava servir o General e os outros convidados no salão.

encarregar-se

Call me later. Now I have some important business that I must ***attend to.***
Ligue para mim mais tarde. Agora eu tenho um assunto importante para resolver.

prestar atenção, ouvir

You must ***attend to*** *your teacher's instructions.*
Você precisa prestar atenção às instruções do seu professor.

ATTEST TO

atestar

I know a dozen people who can ***attest to*** *his honesty.*
Eu conheço um monte de gente que pode atestar sua honestidade.

ATTRIBUTE TO

atribuir

The earthquake was ***attributed to*** *the shift in the tectonic plates.*
O terremoto foi atribuído à movimentação das placas tectônicas.

AVAIL OF

aproveitar, tirar proveito, valer-se, fazer uso

*Members can **avail of** the club's facilities.*
Os sócios podem usufruir das instalações do clube.

B

BAULK AT

vacilar, hesitar

*The surgeon **baulked at** amputating the soldier's arm.*
O cirurgião hesitou em amputar o braço do soldado.

empacar

*The horse **baulked at** the ditch.*
O cavalo empacou diante da vala.

BARK AT

latir

*My dog always **barks at** strangers.*
Meu cachorro sempre late para estranhos.

BATTLE AGAINST

batalhar, lutar

*She **battled against** breast cancer for three years and survived to tell the tale.*

Ela lutou contra o câncer de mama durante três anos e sobreviveu para contar a história.

BEEF ABOUT

queixar-se, reclamar

*What's he **beefing about** this time?*
Do que ele está se queixando agora?

BICKER ABOUT/OVER

discutir, brigar por nada

*Mr. and Mrs. Bevis are always **bickering about** their garden.*
O sr. e a sra. Bevis estão sempre discutindo por causa do jardim.

BITCH ABOUT

reclamar, implicar, falar mal

*He's always **bitching about** my food.*
Ele está sempre implicando com a minha comida.

BOAST ABOUT/OF

vangloriar-se, jactar-se

*She **boasted of** her cooking ability.*
Ela se vangloriava de suas habilidades culinárias.

BOSS ABOUT/AROUND

dar ordens

*He is always **bossing** us **around**.*
Ele vive dando ordens para nós.

BOTHER WITH/ABOUT

incomodar-se, preocupar-se

*Kids these days don't **bother with** language.*
Os jovens hoje em dia não se preocupam com a linguagem.

BRAG ABOUT

jactar-se, vangloriar-se

*Immodest, he was constantly **bragging about** his performance in the competition.*
Sem modéstia, ele ficava o tempo todo se vangloriando de seu desempenho na competição.

BREAKFAST ON

tomar o café da manhã

*On Sunday he likes to **breakfast on** ham and eggs.*
No domingo ele gosta de comer presunto e ovos no café da manhã.

BRIEF ON

informar, pôr a par

*Before the press conference the President was thoroughly **briefed on** the situation.*
Antes da entrevista coletiva, o presidente foi informado com detalhes a respeito da situação.

BRIM WITH

estar repleto, encher-se

*Unfortunately the newspapers are **brimming with** reports of horrendous crimes.*
Infelizmente, os jornais estão repletos de notícias de crimes bárbaros.

BROOD ON/OVER/ABOUT

meditar, pensar

*No matter how serious the situation was, he had no time to **brood over** it.*
Por mais séria que fosse a situação, ele não tinha tempo para pensar nela.

BUSY ONESELF WITH

ocupar-se

*She hurried into the kitchen and **busied** herself **with** dinner preparations.*
Ela correu para a cozinha e passou a se ocupar com os preparativos do jantar.

CADDIE FOR

C

carregar o equipamento de golfe para um jogador

*I used to **caddie for** Tiger Woods.*
Eu costumava carregar os tacos de golfe para o Tiger Woods.

CAP WITH

cobrir, encobrir

*From his window he could see Mount Cairngorm, already **capped with** snow.*
Da janela ele podia ver o Monte Cairngorm, já coberto de neve.

CARP AT/ABOUT

criticar, reclamar

*I'd rather not **carp about** their work.*
Eu prefiro não criticar o trabalho deles.

CATER FOR

fornecer comida e bebida

*'One of our priorities,' said the manager of Croft Hotel, 'is to **cater for** business guests.'*
"Uma de nossas prioridades", disse o gerente do Croft Hotel, "é atender os hóspedes que vêm para cá a negócios."

CAUTION ABOUT/AGAINST

advertir

*The trainer of Silver Arrow **cautioned** his friends **against** betting on the horse, for fear that it was not ready yet.*
O treinador de Silver Arrow advertiu seus amigos para o perigo de apostar no cavalo, com medo de que ele não estivesse pronto ainda.

CAVIL AT

reclamar de coisas sem importância

*She is impossible to please. She is always **caviling at** one thing or another.*
Ela nunca está satisfeita. Está sempre reclamando de uma coisa ou outra.

CHAT WITH

conversar, bater papo

Every time I visit my grandparents I stop to ***chat with*** *their neighbor, Mr. Harris.*
Toda vez que eu visito meus avós, eu paro para conversar com o vizinho, o sr. Harris.

CHOMP ON

mastigar, comer, triturar com os dentes

The documentary shows Che Guevara ***chomping on*** *a cigar and talking on the phone.*
O documentário mostra Che Guevara mastigando um charuto e falando ao telefone.

CLAMOR FOR

clamar

The angry crowd marched towards the palace, ***claiming for*** *justice.*
A multidão enfurecida se dirigiu ao palácio, clamando por justiça.

CLASH WITH

lutar, brigar

On their way to Liberty Square hundreds of students ***clashed with*** *the police.*

A caminho da Praça da Liberdade, centenas de estudantes se envolveram num conflito com a polícia.

chocar-se, colidir

*His atheistic ideas **clashed with** his father's religious beliefs.*
Suas ideias ateístas se chocavam com as crenças religiosas de seu pai.

coincidir no horário

*The school play **clashed with** the choir practice.*
A peça de teatro da escola coincidiu com o ensaio do coral.

não combinar

*I'm afraid the shoes you are wearing **clash with** your suit.*
Receio que os sapatos que você está usando não combinam com o terno.

CLING TO

agarrar-se

***Cling to** him and you will not fall.*
Agarre-se a ele e você não vai cair.

apegar-se

*Alone in his house, all he could do was **cling to** the past.*

Sozinho em sua casa, a única coisa que ele podia fazer era apegar-se ao passado.

COAX INTO

convencer, persuadir com palavras lisonjeiras

A trained police negotiator was called in and the kidnapper was ***coaxed into*** *surrendering.*
Um negociador policial experiente foi chamado e o sequestrador foi convencido a se render.

COERCE INTO

coagir, forçar

He was ***coerced into*** *revealing the whereabouts of his companions.*
Ele foi forçado a revelar o paradeiro de seus companheiros.

COGITATE ABOUT/ON/UPON

cogitar, pensar

There was a short silence in the room, while every juror ***cogitated on*** *the options.*
Fez-se um breve silêncio na sala enquanto cada jurado pensava nas opções.

COINCIDE WITH

coincidir

The headline read: 'Drop in crime ***coincides with*** *exodus of illegal immigrants'.*
A manchete dizia: "Queda no índice de criminalidade coincide com o êxodo de imigrantes ilegais".

COLLABORATE WITH

colaborar

Regional authorities should ***collaborate with*** *local people to ensure that the infrastructure services, such as water supply, are not interrupted.*
É preciso que as autoridades regionais colaborem com os habitantes do lugar, a fim de garantir que os serviços de infraestrutura, como o abastecimento de água, não sejam interrompidos.

COLLOCATE WITH

usar com frequência uma palavra juntamente com outra

The adjective 'terminal' ***collocates with*** *the noun 'patient'.*
O adjetivo "terminal" vem frequentemente precedido do substantivo "paciente".

COLLUDE WITH

conspirar, agir secretamente

Corrupt border officials are suspected to ***collude with*** *importers of dubious goods.*
Desconfia-se que autoridades aduaneiras tenham feito um acordo com firmas que importam mercadorias suspeitas.

COMBINE WITH

combinar

Fruit and vegetables ***combine with*** *a warmer climate.*
Frutas e verduras combinam com um clima mais quente.

conciliar

She thinks it difficult to ***combine*** *her job* ***with*** *her family.*
Ela acha difícil conciliar o emprego com a família.

unir-se, juntar-se

The Democrats should ***combine with*** *the Republicans to block the excesses of the President.*
Os democratas deveriam se unir aos republicanos para bloquear os excessos do presidente.

misturar-se, misturar

*Two volumes of hydrogen **combine with** one of oxygen, and the result is H_2O.*
Duas partes de hidrogênio combinam com uma parte de oxigênio, e o resultado é H_2O.

COMMENT ON

comentar

*He said he'd rather not **comment on** her performance.*
Ele disse que preferia não comentar o seu desempenho.

COMMISERATE WITH

ficar com pena, compadecer-se, ter pena de

*We all wanted to **commiserate with** them on their unfortunate circumstances.*
Nós todos queríamos nos solidarizar com eles em face de tais circunstâncias.

COMMUNICATE WITH

comunicar-se

*Do you believe horses can **communicate with** us?*
Você acredita que os cavalos possam se comunicar com a gente?

COMPARE TO/WITH

comparar

*Can Picasso be **compared with** Michelangelo?*
Será que Picasso pode ser comparado com Michelangelo?

COMPENSATE FOR

compensar

*Nothing can ever **compensate for** what they stole from me while I was away.*
Nada poderá jamais compensar o que me roubaram enquanto estive fora.

COMPETE WITH

competir

*In the animal kingdom, males tend to **compete with** one another for females.*
No reino animal, os machos tendem a competir uns com os outros pelas fêmeas.

COMPLAIN TO SOMEONE ABOUT/OF SOMETHING

reclamar, queixar-se

*He **complained to** the hotel manager **about** the room service.*
Ele reclamou com o gerente do hotel a respeito do serviço de quarto.

*The patient is **complaining of** pain in his chest, doctor.*
O paciente está se queixando de dor no peito, doutor.

COMPLIMENT ON

cumprimentar, elogiar

*The teacher **complimented** the mother **on** the intelligence of her child.*
A professora cumprimentou a mãe pela inteligência da criança.

COMPLY WITH

obedecer, concordar, seguir

*I told them that we have certain rules and regulations that we've got to **comply with**.*
Eu lhes disse que temos certas normas que precisamos respeitar.

COMPROMISE WITH

fazer concessões, ceder

*He was executed because he refused to **compromise with** the Nazi government.*
Ele foi executado por recusar-se a fazer concessões ao governo nazista.

CONCEAL FROM

esconder, ocultar

*She tried to **conceal** her fears **from** the rest of the family.*
Ela tentou esconder seus temores do resto da família.

CONCENTRATE ON

concentrar-se

*From now on we'll **concentrate on** the financial control of our company.*
De agora em diante, nós vamos nos concentrar no controle financeiro de nossa companhia.

CONCUR WITH

concordar

*I thoroughly **concur with** everything he said.*
Eu concordo plenamente com tudo que ele disse.

CONDOLE WITH

sentir pesar, dar os pêsames

We went there to ***condole with*** *my mother-in-law on her husband's death.*
Nós fomos lá para dar os pêsames à minha sogra pelo falecimento do marido.

CONFER TO

dar, conferir

Imported cars ***confer*** *status* ***to*** *their owners.*
Os carros importados conferem status aos seus donos.

CONFER WITH

consultar, trocar ideias

I won't make any decision until I have ***conferred with*** *my client.*
Não vou tomar nenhuma decisão antes de consultar meu cliente.

CONFESS TO

confessar

I ***confess to*** *being quite sceptical about the whole plan.*
Eu confesso que tinha muitas dúvidas sobre o plano todo.

CONFIDE IN

confiar, contar

*'I have reasons not to **confide in** her, or anyone else,' he thought.*
"Tenho motivos para não confiar nela, nem em ninguém mais", ele pensou.

confidenciar, segredar, contar em confiança

*We **confide in** each other, and talk on the phone a great deal.*
Nós contamos nossos segredos uma para a outra e ficamos horas ao telefone.

CONFLICT WITH

conflitar, chocar-se

*'You can observe your own customs, as long as they do not **conflict with** our law,' the general said to the leader of the tribe.*
"Você poderá seguir seus próprios costumes, contanto que não conflitem com nossas leis", disse o general ao chefe da tribo.

CONFORM WITH/TO

sujeitar-se às regras estabelecidas

*I believe I have the right not to **conform to** social conventions.*
Eu acredito que tenho o direito de não me sujeitar às convenções sociais.

estar de acordo com

*Does your electric cooker **conform with** the specifications of the model?*
O seu fogão elétrico está de acordo com as especificações do modelo?

CONGRATULATE ON

dar os parabéns, parabenizar

*We all **congratulated** him **on** his marriage.*
Nós todos lhe demos os parabéns pelo seu casamento.

CONNIVE AT

ser conivente

*His lawyer will have to prove his client had nothing to do with the crime and did not **connive at** it.*
Seu advogado terá de provar que seu cliente não teve nada a ver com o crime e nem foi conivente com ele.

tramar

*They **connived at** the overthrow of the government and the installation of a military dictatorship.*
Eles tramaram a derrubada do governo e a instauração de uma ditadura militar.

CONSCRIPT INTO

recrutar, convocar para servir as Forças Armadas

*He was **conscripted into** Napoleon's army when he was seventeen years old.*
Ele foi alistado no exército de Napoleão com dezessete anos de idade.

CONSENT TO

consentir, concordar

*Her father, although reluctant at first, finally **consented to** her marriage.*
O pai dela, embora relutante a princípio, acabou consentindo com seu casamento.

CONSIST OF/IN

consistir, compor-se de

*The course **consists of** twelve lectures on baroque music.*
O curso consiste de doze palestras sobre música barroca.

consistir, residir em

The strength of his work ***consists in*** *the simplicity of form.*
A força de sua obra reside na simplicidade da forma.

CONSORT WITH

relacionar-se, confraternizar

In the Middle Ages people accused of ***consorting with*** *witches were often sentenced to the stake.*
Na Idade Média as pessoas acusadas de se relacionar com bruxas eram frequentemente condenadas à morte na fogueira.

CONSPIRE AGAINST

conspirar, tramar

'Even the weather ***conspires against*** *me,' sighed the King.*
"Até o tempo conspira contra mim", suspirou o rei.

CONSULT WITH

consultar, pedir uma orientação

He asked for a few hours' grace so that he could ***consult with*** *his colleagues.*
Ele pediu um prazo de algumas horas para poder consultar seus colegas.

CONTEND WITH

enfrentar, lutar

In the interview he was asked what was the most difficult factor he had had to ***contend with****.*
Na entrevista perguntaram-lhe qual foi o fator mais difícil que ele teve de enfrentar.

CONTENT WITH

contentar-se com

He had to ***content*** *himself* ***with*** *the fact that his car was not too badly damaged.*
Ele precisou se contentar com o fato de que o carro não estava tão danificado.

CONTORT WITH

contorcer-se

His face ***contorted with*** *rage, he put on his hat and left the room.*
Com o rosto contorcido de ódio, ele pôs o chapéu e saiu da sala.

CONTRACT WITH

contratar, fazer um contrato

The owner of the farm ***contracted with*** WTC *for the building of a factory on the land.*

O proprietário da fazenda contratou a WTC para construir uma fábrica nas terras.

CONTRAST WITH

contrastar, divergir

*Her cold elegance **contrasted with** her escort's brashness.*
Sua fria elegância contrastava com a rudeza de seu acompanhante.

CONTRIBUTE TO

contribuir, dar

*How much are you willing to **contribute to** the campaign?*
Com quanto o senhor está disposto a contribuir para a campanha?

CONVERSE WITH

conversar

*Believe me, some of those patients are charming and a delight to **converse with**.*
Acredite, alguns daqueles pacientes são encantadores e é uma delícia conversar com eles.

CONVICT OF

declarar alguém culpado

Arthur Jones, of Leyton, east London, was ***convicted of*** *wounding two policemen.*
Arthur Jones, de Leyton, na zona leste de Londres, foi declarado culpado por ferir dois policiais.

CONVINCE OF

convencer

I'm still not ***convinced of*** *his innocence.*
Eu ainda não estou convencido da inocência dele.

COOPERATE WITH

cooperar

I'm sure he will ***cooperate with*** *the investigation.*
Tenho certeza de que ele irá cooperar com a investigação.

COPE WITH

lidar

She felt she could no longer ***cope with*** *the complexities of everyday life.*
Ela sentiu que não podia mais lidar com a complexidade do dia a dia.

COPULATE WITH

copular, cruzar

*The male of that species can potentially **copulate with** hundreds of females.*
O macho daquela espécie tem o potencial de copular com centenas de fêmeas.

CORRELATE WITH

correlacionar-se, ter relações com

*The paper investigates factors **correlated with** the use of violent video games by teenagers.*
O trabalho investiga os fatores relacionados ao uso de videogames violentos por parte dos adolescentes.

CORRESPOND WITH

corresponder

*The name on his driving license did not **correspond with** the name on his ID.*
O nome escrito na carteira de habilitação dele não correspondia ao da sua cédula de identidade.

corresponder-se

*I used to **correspond with** him by email.*
Eu costumava me corresponder com ele por e-mail.

CO-STAR WITH

coestrelar, atuar com

Robert De Niro ***co-starred with*** *Al Pacino in 'Righteous Kill' in 2008.*
Robert De Niro atuou com Al Pacino em *As Duas Faces da Lei* em 2008.

COVER WITH/IN

cobrir

His chest was ***covered with*** *blood.*
Seu peito estava coberto de sangue.

The poor little girl was ***covered in*** *mud from head to foot.*
A pobre garotinha estava coberta de lama dos pés à cabeça.

CRAVE FOR

desejar, querer, ansiar

We all ***crave for*** *success, don't we?*
Nós todos queremos o sucesso, não?

CREW FOR

fazer parte da tripulação, trabalhar como membro da tripulação

It's going to be the first time I'll ever ***crew for*** *a world-famous yachtsman.*
Vai ser a primeira vez que eu vou fazer parte da tripulação de um iatista famoso no mundo todo.

CULMINATE IN

culminar

The conflicts between Czechs and Slovaks ***culminated in*** *the formation of two separate states: the Czech Republic and Slovakia.*
Os conflitos entre os checos e os eslovacos culminaram na criação de dois países independentes: a República Tcheca e a Eslováquia.

D

DAB AT

tocar levemente, limpar

She ***dabbed at*** *the corners of her mouth with a tissue.*
Ela limpou os cantos da boca com um lenço de papel.

DABBLE IN

interessar-se ou dedicar-se superficialmente

'That's what happens when amateurs ***dabble in*** *the trade!' he said angrily.*
"É isso que acontece quando amadores se metem no assunto!", disse ele com raiva.

DAYDREAM ABOUT

sonhar acordado, sonhar de olhos abertos, devanear

I don't ***daydream about*** *things in my future very much.*
Eu não fico imaginando como vai ser meu futuro.

DEDICATE TO

dedicar

Mr. Sella ***dedicated*** *the best years of his life* ***to*** *the study of physics.*
O sr. Sella dedicou os melhores anos de sua vida ao estudo da física.

DEDUCE FROM

deduzir, inferir

What can we ***deduce from*** *those remarkable archaelogical findings?*

O que podemos deduzir desses notáveis achados arqueológicos?

DEDUCT FROM

deduzir, subtrair, descontar

The money you donate to charity can be ***deducted from*** *your gross income.*
O dinheiro doado a instituições de caridade pode ser descontado da renda bruta.

DEFAULT ON

deixar de cumprir uma obrigação

Financial pressures against Argentina may induce the country to ***default on*** *its international commitments.*
Pressões financeiras contra a Argentina podem levar o país a deixar de cumprir seus compromissos internacionais.

DEFECT FROM

desertar, fugir, sair

Rolf Weiss was shot dead while trying to ***defect from*** *East Germany in 1972.*
Rolf Weiss foi morto ao tentar fugir da Alemanha Oriental em 1972.

DEFEND AGAINST/FROM

defender

The ex-governor is pathetically trying to ***defend*** *himself* ***against*** *accusations of electoral corruption.*
O ex-governador está tentando ridiculamente defender-se das acusações de corrupção eleitoral.

Britain has always been ***defended from*** *invasion by the English Channel.*
A Grã-Bretanha sempre se defendeu das invasões em virtude do Canal da Mancha.

DEGENERATE INTO

degenerar, deteriorar-se

Unfortunately the conference ***degenerated into*** *a complete fiasco.*
Infelizmente, a conferência resultou num completo fiasco.

DELEGATE TO

delegar

Being too ill to go on, the King decided to ***delegate to*** *subordinates the responsibility of his work.*
Doente demais para continuar, o Rei decidiu delegar a subordinados a responsabilidade do seu cargo.

DELETE FROM

apagar, deletar

*All references to the Soviet Union were **deleted from** the Ukrainian Constitution in 1991.*
Todas as referências à União Soviética foram suprimidas da Constituição da Ucrânia em 1991.

DELIBERATE ABOUT/ON

deliberar, ponderar, pensar

*The jury are still **deliberating on** Carl Williams, 39.*
O júri ainda está deliberando sobre o caso de Carl Williams, 39.

DEMUR AT

objetar, opor-se

*She was so devoted to her employer that she would **demur at** any expense beyond his means.*
Ela era tão dedicada ao seu patrão que se oporia a qualquer despesa além de seus meios.

DEPEND ON/UPON

depender

*Success **depends** to a large extent **on** luck.*
O sucesso depende, em grande parte, da sorte.

confiar

*You may **depend on** my loyalty, sir.*
O senhor pode confiar em minha lealdade.

DEPRIVE OF

privar

*Most of those fashion diets are dangerous because they **deprive** your body **of** essential foods.*
A maior parte dessas dietas da moda é perigosa porque elas privam o organismo de alimentos essenciais.

DEPUTIZE FOR

representar

*He is sometimes required to **deputize for** the Mayor.*
Às vezes ele é solicitado para representar o prefeito.

DERIVE FROM

derivar

*Portuguese **derives from** Latin.*
O português deriva do latim.

obter

*The better we know Bach, the more pleasure we **derive from** Baroque music.*

Quanto mais conhecemos Bach, mais prazer nós obtemos da música barroca.

DESCEND FROM

descender

*Everybody living in this village **descended from** the Carters and the Spencers.*
Todos os que viviam naquela aldeia descendiam dos Carters e dos Spencers.

descer, sair de um veículo

*He **descended from** the train very slowly.*
Ele desceu do trem bem devagar.

DESCEND TO

rebaixar-se

*He would never **descend to** the humiliation of begging forgiveness.*
Ele nunca se rebaixaria à humilhação de pedir perdão.

DESIST FROM

desistir, parar

*You should train your dog to **desist from** barking at every passing car.*
Você devia treinar o seu cachorro para ele parar de latir para todo carro que passa.

DESPAIR OF

desesperar-se, perder a esperança

*I was beginning to **despair of** her.*
Eu estava começando a perder a esperança nela.

DESPOIL OF

despojar, espoliar

*Unfortunately the church was **despoiled of** all its 17th century carved statues of saints.*
Infelizmente, a igreja foi espoliada de todas as suas estátuas de santos entalhadas em madeira, feitas no século XVII.

DETACH FROM

destacar, separar

*To receive these gifts, don't forget to complete, **detach** and return the coupon to us.*
Para receber estes prêmios, não se esqueça de completar, destacar e enviar o cupom para nós.

destacar, designar

*The presence of our soldiers forced the enemy to **detach** valuable troops to protect the bridge.*
A presença de nossos soldados obrigou o inimigo a destacar valiosas tropas para proteger a ponte.

afastar-se

*Suddenly one of the men **detached** himself **from** the group and moved towards us.*
De repente, um dos homens se afastou do grupo e caminhou em nossa direção.

DETER FROM

impedir, desestimular, desencorajar

*The sharp rise in the price of cigarettes might **deter** youngsters **from** starting smoking.*
É possível que o forte aumento no preço dos cigarros desestimule os jovens a começar a fumar.

DETERIORATE INTO

deteriorar-se, degenerar

*Soon the conversation **deteriorated into** a hot argument.*
Logo a conversa descambou numa áspera discussão.

DETRACT FROM

diminuir o mérito ou o valor, desvalorizar

*Don't get me wrong. I'm not trying to **detract from** the importance of your religion.*
Não me entenda mal. Eu não estou tentando diminuir a importância de sua religião.

DEVELOP INTO

desenvolver-se, transformar-se

*What begins as a mild anxiety may **develop into** a deep phobia.*
O que começa como uma leve ansiedade pode se transformar em uma grave fobia.

DEVIATE FROM

desviar-se, afastar-se

*If a lawyer **deviates from** the rules of conduct he or she ought to face sanctions imposed by the profession.*
Se um advogado se desvia das normas de conduta ele ou ela deve sofrer as sanções impostas pela sua profissão.

DEVOLVE ON/TO

delegar poderes

*Discussions have been initiated about measures to **devolve** power **to** the provinces.*
Já foram iniciadas conversações a respeito de medidas destinadas a delegar poderes às províncias.

DEVOTE TO

dedicar-se

*We will have to **devote** our entire time **to** the affairs of the company.*
Teremos de dedicar todo o nosso tempo aos negócios da companhia.

DIFFER FROM

diferir, ser diferente

*Monkeys **differ from** chimpanzees because they have a tail, and chimpanzees don't.*
Os macacos diferem dos chimpanzés porque eles têm cauda, ao contrário dos chimpanzés.

DIGRESS FROM

digressionar, afastar-se do assunto

*Allow me to **digress from** the point a little.*
Permita-se fazer uma breve digressão.

DILUTE WITH

diluir

*It's advisable to always **dilute** it **with** water.*
É aconselhável sempre diluí-lo com água.

DIP IN/INTO

enfiar algo em um líquido

*He **dipped** his hands nervously **into** the bucket.*
Ele nervosamente mergulhou as mãos no balde.

DIRECT AT/TO

dirigir, apontar

*He walked into the store and **directed** a gun **at** my head!*
Ele entrou na loja e apontou uma arma para minha cabeça!

dirigir, concentrar

*Quite predictably, she **directed** her anger **at** her children.*
Como era de se prever, ela dirigiu sua raiva contra as crianças.

orientar, mostrar o caminho

*He **directed** us **to** a large, dark and empty room.*
Ele nos conduziu a uma sala grande, escura e vazia.

DISABUSE OF

convencer alguém do erro de suas ideias

*He's so stubborn that I'm afraid I won't be able to **disabuse** him **of** that crazy idea of his.*

Ele é tão teimoso que eu acho que não vou conseguir tirar aquela ideia maluca da cabeça dele.

DISAGREE WITH

discordar

*It seems that half Venezuelans **disagree with** Hugo Chavez on economic issues.*
Parece que metade dos venezuelanos discorda da política econômica de Hugo Chávez.

DISAPPROVE OF

reprovar, não aprovar, discordar

*'I **disapprove of** what you say, but I will defend to the death your right to say it.' (Voltaire)*
"Discordo do que dizeis, mas defenderei até a morte vosso direito de dizê-lo."

DISASSOCIATE FROM

dissociar-se, afastar-se

*I sometimes wish I could **disassociate from** the world around me.*
Há momentos em que eu gostaria de me afastar do mundo à minha volta.

DISBELIEVE IN

duvidar, não acreditar, descrer

*How is it possible to **disbelieve in** God?*
Como é possível não acreditar em Deus?

DISCOURAGE FROM

desencorajar

*His parents did everything they could to **discourage** him **from** a musical career.*
Seus pais fizeram o possível para desencorajá-lo a seguir uma carreira musical.

DISCOURSE ON/UPON

discorrer

*Professor Higgins **discoursed** for hours **upon** the origin of Brazilian folklore.*
O Prof. Higgins discorreu durante horas sobre a origem do folclore brasileiro.

DISCRIMINATE AGAINST/IN FAVOR OF

discriminar

*She said the ad **discriminates against** women and therefore should be banned.*

Ela disse que o anúncio discrimina as mulheres e portanto deve ser retirado.

The Prime Minister insisted on ***discriminating in favor of*** *religious minorities.*
O Primeiro-Ministro insistiu na necessidade de discriminação a favor das minorias religiosas.

DISCRIMINATE BETWEEN

distinguir

How can you ***discriminate between*** *mortal and venial sins?*
Como se pode diferenciar os pecados mortais dos pecados veniais?

DISEMBARK FROM

desembarcar

He told me to ***disembark from*** *the train at St. Albans and wait for him at the station.*
Ele me disse para descer do trem em St. Albans e esperar por ele na estação.

DISENGAGE FROM

livrar, livrar-se

She was trying to ***disengage*** *herself* ***from*** *that boring admirer.*

Ela estava tentando se livrar daquele admirador chato.

afastar, afastar-se

*If that fails, the best thing to do is to **disengage from** the conversation.*
Se isso falhar, a melhor coisa a fazer é afastar-se da conversa.

DISENTANGLE FROM

livrar-se

*'The first thing you've got to do, Harry,' he said, 'is to **disentangle** yourself **from** the past'.*
"A primeira coisa que você tem que fazer, Harry", ele disse, "é se livrar do passado."

distinguir, separar

*In this case, how can you **disentangle** cause **from** effect?*
Neste caso, como você pode distinguir a causa do efeito?

DISINVEST FROM

parar de investir

*The government is planning to **disinvest from** companies involved in Venezuela.*
O governo está planejando suspender os investimentos em companhias estabelecidas na Venezuela.

DISLODGE FROM

desalojar

*The police used gas bombs in order to **dislodge** the snipers **from** the building.*
A polícia usou bombas de gás lacrimogêneo a fim de desalojar os atiradores do prédio.

DISMOUNT FROM

desmontar

*As soon as he saw the sheriff, he **dismounted from** his horse.*
Assim que avistou o xerife, ele desceu do cavalo.

sair, descer

*'Really?,' he said as he **dismounted from** the taxi.*
"É mesmo?", disse ele ao descer do táxi.

DISPOSE OF

dar fim a

*The only way to **dispose of** those insects is while they're in their anthills.*
A única maneira de dar fim a esses insetos é quando eles estão em seus formigueiros.

DISPOSSESS OF

desapropriar, destituir

Gradually the Indians were ***dispossessed of*** *their lands by the railway companies.*
Aos poucos os índios foram destituídos de suas terras pelas companhias de estradas de ferro.

DISQUALIFY FROM

desclassificar

They were ***disqualified from*** *the first division.*
Eles foram desclassificados da primeira divisão.

impedir

He was ***disqualified from*** *working just on the grounds of his age.*
Ele foi impedido de trabalhar só por causa da idade.

DISSENT FROM

discordar, divergir

The other members of the Cabinet ***dissented from*** *his views.*
Os outros membros do gabinete discordavam de seus pontos de vista.

DISSOCIATE FROM

dissociar, separar

*Traditional teaching tends to **dissociate** grammar **from** context.*
O ensino tradicional tende a dissociar a gramática do contexto.

DISSOLVE IN/INTO

dissolver

***Dissolve** the gelatin **in** hot water.*
Dissolva a gelatina em água quente.

desmanchar-se

*The poor child **dissolved into** tears.*
A pobre criança desmanchou-se em lágrimas.

DISSUADE FROM

dissuadir, persuadir alguém a não fazer algo

*Nothing her parents could say would **dissuade** her **from** marrying him.*
Nada que seus pais pudessem dizer iria dissuadi-la da decisão de casar-se com ele.

DISTINGUISH FROM/BETWEEN

distinguir, perceber a diferença

Sometimes it is very difficult to ***distinguish between*** *the two.*
Às vezes é muito difícil distinguir um do outro.

distinguir, diferenciar

'Positive' errors should be ***distinguished from*** *'negative' ones.*
Os erros "positivos" têm de ser diferenciados dos "negativos".

DISTRACT FROM

distrair, desviar a atenção

Teachers are often ***distracted from*** *their primary task by paperwork.*
Os professores muitas vezes têm sua atenção desviada de suas principais tarefas em virtude da burocracia.

DITHER ABOUT

hesitar, vacilar, demorar para tomar uma decisão

He ***dithered about*** *trying to decide what wine to serve with the fish.*
Ele hesitou para decidir que vinho servir com o peixe.

DIVERGE FROM

divergir

*His political views seem to **diverge from** ours.*
Suas posições políticas aparentemente divergem das nossas.

DIVEST OF

despir, tirar a roupa

*He **divested** himself **of** his clothes and jumped into the water.*
Ele tirou a roupa e pulou na água.

despir-se, livrar-se

*'If you want to approach God', he said, 'you must **divest** yourself **of** all vanity.'*
"Se quiser se aproximar de Deus," ele disse, "você tem que se despir de toda vaidade."

privar, tirar

*He was planning to **divest** his nephew **of** all his power and become the king himself.*
Ele planejava privar o sobrinho de todo o poder e assumir a coroa.

vender, desfazer-se

*Will they **divest** 20% **of** their shares?*
Eles vão se desfazer de 20% de suas ações?

DIVIDE BY/INTO/BETWEEN/AMONG

dividir

*9 **divided by** 3 is 3.*
9 dividido por 3 é 3.

***Divide** the pizza **into** 8 slices*
Divida a pizza em 8 pedaços.

ser divisível

*7 **divides into** 49.*
49 é divisível por 7.

repartir

*The money was **divided between** the two winners.*
O dinheiro foi repartido entre os dois vencedores.

*The birthcake was **divided among** all the children.*
O bolo de aniversário foi repartido entre todas as crianças.

DOOM TO

condenar

*If we don't learn from history, we are **doomed to** repeat our mistakes.*
Se não aprendermos com a história, estaremos condenados a repetir os mesmos erros.

DOSE WITH

administrar uma dose, tomar uma grande dose

*She **dosed** herself **with** Lexotan and went to bed.*
Ela tomou vários comprimidos de Lexotan e foi dormir.

DOUSE WITH

apagar o fogo com água

*You can **douse** any kind of fire **with** water except a fire involving electrical equipment.*
É possível apagar qualquer incêndio com água, a menos que seja um incêndio provocado por equipamento elétrico.

molhar, encharcar, ensopar

*The Tibetan monk **doused** himself **with** gas and set fire to himself.*
O monge tibetano se encharcou de gasolina e ateou fogo em si mesmo.

DOVETAIL WITH

juntar-se, encaixar-se

*The jazz elements he proposed **dovetailed** perfectly **with** our style.*
Os elementos de jazz que ele sugeriu se encaixavam perfeitamente no nosso estilo.

DOWNGRADE TO

rebaixar

After a few hours the hurricane was officially ***downgraded to*** *the status of a tropical storm.*
Depois de algumas horas, o furacão foi oficialmente rebaixado para a categoria de tempestade tropical.

DOWSE FOR

procurar água ou qualquer outra substância embaixo da terra com uma forquilha especial.

He didn't believe that ***dowsing for*** *water could really work.*
Ele não acreditava que a procura por água com uma espécie de forquilha pudesse dar certo.

DRAGOON INTO

obrigar, forçar, coagir

As soon as she was old enough she was ***dragooned into*** *helping with the housework.*
Assim que ela ficou maiorzinha, obrigaram-na a ajudar no serviço de casa.

DREAM ABOUT/OF

sonhar, imaginar, pensar

Sometimes I still ***dream about*** *my father.*
Às vezes eu ainda sonho com meu pai.

The sign read, 'Don't even ***dream of*** *parking here.'*
A placa dizia: "Nem pense em estacionar aqui."

DUNK IN/INTO

molhar, embeber

A friend of mine likes ***dunking*** *his chips* ***in*** *mayonnaise.*
Um amigo meu gosta de passar batatinha frita na maionese.

afundar, por brincadeira, a cabeça de alguém na água, dar um "caldo"

They were trying to ***dunk*** *me* ***in*** *the swimming pool.*
Eles estavam tentando me dar um "caldo" na piscina.

E

ECONOMIZE ON

economizar

The government's aim is to provide a greater incentive to ***economize on*** *fuel.*
O objetivo do governo é incentivar a economia de combustível.

EDUCATE ABOUT/ON/IN

informar

*Everybody needs to be **educated about** HIV.*
Todo mundo tem de ser informado a respeito do vírus HIV.

EJECT FROM

ejetar, emitir

*Scorpions **eject** poison **from** the tail.*
Os escorpiões ejetam veneno da cauda.

retirar à força

*When the police officers tried to **eject** him **from** the bar, he started kicking them.*
Quando os policiais tentaram retirá-lo do bar, ele começou a chutá-los.

saltar, pular

*The two crew members managed to **eject from** the helicopter safely.*
Os dois tripulantes conseguiram saltar do helicóptero em segurança.

tirar, sacar

*He **ejected** a knife **from** his pocket and everybody in the bar stepped back.*
Ele sacou uma faca do bolso e todo mundo no bar recuou.

ELABORATE ON

adiantar, acrescentar novas informações, explicar em detalhes

The spokesman refused to ***elaborate on*** *the meeting.*
O porta-voz recusou-se a dar detalhes sobre a reunião.

ELEVATE TO

elevar de categoria, promover

She was ***elevated to*** *the throne at the age of 19.*
Ela foi elevada ao trono aos 19 anos de idade.

ELICIT FROM

extrair informações, conseguir dados

No significant information has been ***elicited from*** *the suspect.*
Nenhuma informação importante foi obtida do suspeito.

ELIMINATE FROM

eliminar

High-fat, high-sugar foods are to be totally ***eliminated from*** *a healthy eating plan.*
Alimentos ricos em gordura e em açúcar têm de ser totalmente eliminados de uma dieta saudável.

ELOPE WITH

fugir para casar

*The play is about a professor's daughter who **elopes** to Canada **with** one of her father's students.*
A peça é sobre a filha de um professor que foge para o Canadá para casar com um dos alunos do seu pai.

EMANATE FROM

originar-se

*It appears that the cyber attacks on Google **emanated from** a school in India.*
Parece que os ataques contra o Google partiram de uma escola na Índia.

EMBARK FOR

embarcar

*They were about to **embark for** Cape Town when the war broke out.*
Eles estavam prestes a embarcar para a Cidade do Cabo quando começou a guerra.

EMBARK ON

iniciar

*She decided to **embark on** a drastic weight loss regime.*
Ela resolveu entrar num regime radical para perder peso.

EMBED IN

fixar, firmar

The lilies were planted in flower-pots and ***embedded in*** *the gravel.*
As margaridas foram plantadas em vasos e fixadas no cascalho.

acompanhar as ações militares in loco

Why are there so many American journalists ***embedded in*** *Iraq?*
Por que há tantos jornalistas americanos acompanhando os soldados no Iraque?

EMBELLISH WITH

embelezar

The palace was ***embellished with*** *magnificent marble statues.*
O palácio foi embelezado com magníficas estátuas de mármore.

EMBROIL IN

envolver, envolver-se

You don't want to get ***embroiled in*** *a public scandal, do you?*
Você não vai querer se envolver num escândalo público, vai?

EMERGE FROM

emergir, surgir

Could something good ***emerge from*** *that catastrophe?*
Será que alguma coisa de bom poderia resultar daquela catástrofe?

EMIGRATE FROM/TO

emigrar

His parents ***emigrated from*** *Russia* ***to*** *Argentina in the early 30's.*
Os pais dele emigraram da Rússia para a Argentina no início dos anos 1930.

EMPATHIZE WITH

ter empatia

Sales trainees should be taught to ***empathize with*** *the potential customer.*
Os estagiários em vendas têm de ser ensinados a criar uma empatia com o cliente em potencial.

ENCASE IN

revestir, cobrir, envolver

Her leg felt as if it were ***encased in*** *plaster.*
Ela tinha a sensação de que a perna estava engessada.

ENCHANT BY/WITH

encantar, fascinar

*She was **enchanted with** the Taj Mahal.*
Ela ficou encantada com o Taj Mahal.

ENCROACH ON/UPON

apossar-se, invadir

*The building of the supermarket must not **encroach on** the park.*
A construção do supermercado não deve invadir a área do parque.

ENCUMBER WITH

obstruir, impedir, atrapalhar

*The wolf leaped at the hunter who, **encumbered with** his heavy bagpack, was unable to fight back.*
O lobo saltou sobre o caçador, que, atrapalhado com sua pesada mochila, não conseguiu se defender.

ENDEAR TO

conquistar a afeição, tornar-se querido

*Your down-to-earth manner will certainly **endear** you **to** your boss.*
Seu jeito prático de ser com certeza há de conquistar o seu chefe.

ENDOW WITH

dotar

*Man is **endowed with** an insatiable curiosity about the world around him.*
O homem é dotado de uma insaciável curiosidade a respeito do mundo à sua volta.

ENFOLD IN/WITH

abraçar, envolver

*He **enfolded** her **in** his strong arms.*
Ele envolveu-a em seus braços fortes.

ENGAGE IN/WITH/ON

engajar-se, empenhar-se, dedicar-se

*It was an opportunity for them to **engage in** a profitable enterprise.*
Era uma oportunidade para eles se engajarem num empreendimento lucrativo.

ENGRAVE ON

gravar, imprimir

*That scene has remained **engraved on** my memory since then.*
Aquela cena ficou gravada em minha memória desde então.

*The knight's name was **engraved on** the goblet.*
O nome do cavaleiro estava gravado na taça.

ENLIST IN

alistar-se

*How many seamen were **enlisted in** the naval service in 1941?*
Quantos homens estavam alistados na marinha em 1941?

ENROLL IN/ON/FOR

matricular-se, inscrever-se

*After the accident he decided to **enroll in** an alcohol treatment center.*
Depois do acidente ele resolveu inscrever-se num centro de tratamento para alcoólatras.

ENSHRINE IN

preservar, guardar

*The equal rights of women and men are **enshrined in** the Charter of the United Nations.*
A igualdade de direitos de homens e mulheres está consignada na Carta das Nações Unidas.

ENSUE FROM

seguir-se, suceder, resultar

I can't describe the panic that ***ensued from*** *the false news report.*
Não posso descrever o pânico que se seguiu à falsa notícia.

ENTHUSE ABOUT/OVER

demonstrar entusiasmo

Why aren't Americans ***enthused about*** *Obama's health care reform?*
Por que os americanos não estão entusiasmados com a reforma do serviço de saúde de Barack Obama?

ENTICE TO/INTO/AWAY

atrair, persuadir

Thousands of Australians who were ***enticed into*** *investing in property have lost everything they had.*
Milhares de australianos que foram convencidos a investir em imóveis perderam tudo que tinham.

ENTRUST TO/WITH

confiar

If you feel you can't do it then ***entrust*** *the job* ***to*** *someone who can.*
Se você sentir que não pode dar conta, então confie o trabalho a quem possa.

EQUATE WITH/TO

considerar uma coisa igual à outra

People tend to ***equate*** *information* ***with*** *culture, which I think is a mistake.*
As pessoas tendem a equiparar informação com cultura, o que na minha opinião é um erro.

EQUIP FOR

preparar

If you want the job you will have to ***equip*** *yourself fully* ***for*** *it.*
Se você quiser o emprego, vai ter que se preparar com afinco.

EQUIP WITH

equipar

*The gymnasium was **equipped with** ropes, parallel bars and fencing equipment.*
O ginásio de esportes estava equipado com cordas, barras paralelas e material de esgrima.

ERADICATE FROM

erradicar

*Smallpox has been **eradicated from** the world.*
A varíola foi erradicada do mundo.

ERASE FROM

apagar, remover

*When Stalin took power he ordered that Trotsky be **erased from** all official photographs.*
Quando Stálin assumiu o poder, ele determinou que Trotsky fosse eliminado de todas as fotografias oficiais.

ETCH ON

gravar

*The mass murder scenes on Moscow subway were **etched on** people's faces this morning.*

As cenas da carnificina no metrô de Moscou estavam estampadas no rosto das pessoas hoje de manhã.

EVACUATE FROM

evacuar, retirar

*Hundreds of immigrants were **evacuated from** a northern town in France after violent protests broke out.*
Centenas de imigrantes foram retirados de uma cidade no norte da França depois de violentos protestos.

EVICT FROM

despejar, retirar, expulsar

*The headline read, 'French Open may be **evicted from** Roland Garros'.*
A manchete dizia: "Aberto da França pode sair de Roland Garros".

EVOLVE FROM/OUT OF

evoluir, desenvolver-se

*Some biologists believe that dogs probably **evolved from** wolves.*
Alguns biólogos acreditam que os cães provavelmente evoluíram dos lobos.

EXACT FROM

exigir

*He was determined to **exact from** them a reward for his services.*
Ele estava decidido a exigir deles uma recompensa por seus serviços.

EXCEL AT/IN

distinguir-se, superar-se

*André Rieu is a conductor who **excels at** popularizing classical music.*
André Rieu é um maestro que se distingue por popularizar a música clássica.

EXCHANGE WITH/FOR

trocar

*If you don't like the CD she gave you, you can **exchange it for** another one.*
Se não gostou do CD que ela lhe deu, você pode trocá-lo por um outro.

EXCISE FROM

cortar, extirpar

*Dr. Lester **excised** a superficial melanoma **from** my leg four months ago.*

O Dr. Lester removeu um melanoma superficial da minha perna quatro meses atrás.

EXCLUDE FROM

excluir

*'War is not **excluded from** our plans,' warned General Perez.*
"A guerra não está excluída de nossos planos", alertou o General Perez.

EXCULPATE FROM

inocentar

*His religious convictions cannot **exculpate** him **from** the crime charged.*
Suas convicções religiosas não podem inocentá-lo do crime de que é acusado.

EXEMPT FROM

isentar, liberar, dispensar

*Low-income people are **exempted from** income tax.*
As pessoas de baixa renda estão isentas de pagar o imposto de renda.

EXERT ON/OVER

exercer

*The Americans have been unable to **exert** effective military control **over** Afghanistan.*
Os americanos não estão conseguindo exercer o controle militar sobre o Afeganistão.

EXIT FROM

sair

*When will Greece's economy **exit from** recession?*
Quando é que a economia da Grécia sairá da recessão?

EXONERATE FROM

isentar

*How many people managed to be **exonerated from** death row in the United States last year?*
Quantas pessoas conseguiram escapar do corredor da morte no ano passado nos Estados Unidos?

*Can the Pope be **exonerated from** responsibility for the sex abuse scandal?*
Será que o Papa pode ser isentado de responsabilidade pelo escândalo dos abusos sexuais?

EXPAND INTO/ON

expandir, aumentar

*The Romans began to **expand into** Britain in 55 BC.*
Os romanos começaram a se expandir na Grã-Bretanha em 55 a.C.

acrescentar, aprofundar

*Let me try to **expand on** this concept.*
Permita-me tentar esclarecer este conceito.

EXPATIATE ON/UPON

discorrer longamente

*The lecturer **expatiated upon** medieval architecture for almost two hours.*
O conferencista discorreu sobre arquitetura medieval durante quase duas horas.

EXPECT FROM

esperar

*Here in Capri you'll get everything you can **expect from** a summer holiday.*
Aqui em Capri você vai ter tudo o que se pode esperar das férias de verão.

EXPEL FROM

expulsar

*We had him **expelled from** the party last year.*
Nós o expulsamos do partido no ano passado.

EXPEND ON/UPON

gastar, dispender

*The new governor is willing to **expend** large sums of money **on** education.*
O novo governador está disposto a dispender uma grande soma de dinheiro em educação.

EXPERIMENT ON/WITH

fazer experiências

*They are now **experimenting with** an artificial liver.*
Agora eles estão fazendo experiências com um fígado artificial.

EXPLAIN TO

explicar

*How are you going to **explain** that **to** your parents?*
Como é que você vai explicar isso para os seus pais?

EXPORT TO

exportar

*Why aren't Brazilian bananas **exported to** Europe?*
Por que as bananas brasileiras não são exportadas para a Europa?

EXPOSE TO

expor, mostrar

*The National Center for Children **Exposed to** Violence was founded in Yale in 1999.*
O Centro Nacional para Crianças Expostas à Violência foi fundado em Yale em 1999.

EXPOSTULATE WITH

protestar, discutir, argumentar

*She tried to **expostulate with** her boss, but he wouldn't listen to her.*
Ela tentou argumentar com o seu chefe, mas ele não lhe deu ouvidos.

EXPOUND ON

esclarecer, explicar, expor

*In his speech he **expounded on** some Christian dogmas, such as the belief in Jesus' immaculate conception.*

Em seu discurso, ele explicou alguns dogmas cristãos, tais como a crença na concepção imaculada de Jesus.

EXPROPRIATE FROM

expropriar, desapropriar

Under the new regime, several farms were ***expropriated from*** *the large landowners and 'given to the people'.*
Sob o novo regime, várias fazendas, pertencentes aos grandes latifundiários, foram expropriadas e "doadas ao povo".

EXPUNGE FROM

eliminar, apagar

What I saw at that moment will never be ***expunged from*** *my memory.*
O que eu vi naquele momento jamais será apagado da memória.

EXTORT FROM

extorquir

That was the argument he used to ***extort*** *money* ***from*** *the Church.*
Esse foi o argumento que ele usou para extorquir dinheiro da Igreja.

EXTRACT FROM

extrair

*The notes which follow have been **extracted from** her diary.*
As notas que se seguem foram extraídas do seu diário.

EXTRAPOLATE FROM

imaginar, calcular, prever

*It would be totally inappropriate to **extrapolate from** one single example to a general rule.*
Seria totalmente inadequado prever uma regra geral a partir de um único exemplo.

EXTRICATE FROM

livrar, libertar

*How are you going to **extricate** yourself **from** that mess?*
Como você vai cair fora dessa bagunça?

EXTRUDE FROM

extrair por pressão

*Scientists are now trying to **extrude** that substance **from** a tube.*
Os cientistas agora estão tentando extrair a substância de um tubo.

EXUDE FROM/THROUGH

exalar, revelar

*She **exuded** class and style **from** every pore.*
Ela revelava classe e estilo por todos os poros.

soltar, emitir

*Some animals **exude** foul-smelling substances **from** their anal glands.*
Alguns animais exalam substâncias malcheirosas de suas glândulas anais.

EXULT AT/IN

exultar, alegrar-se

*Thousands of people **exulted at** their candidate's victory.*
Milhares de pessoas ficaram exultantes com a vitória do seu candidato.

FAMILIARIZE WITH

F

familiarizar-se, acostumar-se

*You'll have to **familiarize** yourself **with** London, since you're now living there.*
Você vai ter de se familiarizar com Londres, já que está morando lá agora.

FANTASIZE ABOUT

fantasiar, imaginar

*Have you ever **fantasized about** a murder?*
Você alguma vez imaginou praticar um assassinato?

FEND FOR

cuidar-se, sustentar-se

*Will they be able to **fend for** themselves in case of an attack?*
Será que eles vão ser capazes de se defender em caso de um ataque?

FESTOON WITH

enfeitar, decorar

*The wooden balcony of the guesthouse was **festooned with** white flowers.*
A sacada de madeira da pousada estava enfeitada com flores brancas.

FEUD WITH

brigar

*The CIA has been **feuding with** the FBI for decades.*
A CIA vem brigando com o FBI há décadas.

FIRE AT/INTO/ON

disparar, lançar

*The police had to **fire** tear gas **at** the demonstrators.*
A polícia teve de lançar bombas de gás lacrimogêneo contra os manifestantes.

FLEE FROM

fugir

*When the war was over he was forced to **flee from** his country.*
Quando a guerra acabou ele foi obrigado a fugir do país.

FLIRT WITH

flertar

*She was not the kind of woman to **flirt with** a married man.*
Ela não era o tipo de mulher que dá em cima de homem casado.

brincar com uma ideia, cogitar

*Some radical sports fans like to **flirt with** death.*
Alguns amantes de esportes radicais gostam de brincar com a morte.

FOCUS ON

focalizar, concentrar-se

*If you don't **focus on** the facts you'll miss the point.*
Se você não se concentrar nos fatos, não vai entender o problema.

FORAGE FOR

procurar comida, combustível etc.

*The flamingo's long legs allow it to wade in the water to **forage for** algae, insects and small crustaceans.*
As pernas longas do flamingo permitem que ele caminhe na água à procura de algas, insetos e pequenos crustáceos.

FORBEAR FROM

abster-se, conter-se

*He couldn't **forbear from** thinking how desperate she was.*
Ele não pôde deixar de pensar como ela estava desesperada.

FORECLOSE ON

penhorar, executar

*The bank is threatening to **foreclose on** our mortgage.*
O banco está ameaçando executar nossa hipoteca.

FOREWARN OF

alertar, prevenir

*Let me **forewarn** you **of** the danger of the mission.*
Deixe-me alertá-lo para o perigo da missão.

FORGET ABOUT

esquecer

***Forget about** it. It's not important.*
Esqueça isso. Não é importante.

FORGIVE SOMEONE FOR SOMETHING

perdoar, desculpar

*I've already **forgiven** him **for** what he said about me.*
Eu já o perdoei pelo que ele disse a meu respeito.

FORNICATE WITH

fornicar

*Is it true that they **fornicate with** animals?*
É verdade que eles fazem sexo com animais?

FOUNDER ON

fracassar, falhar

*The talks **foundered on** the issue of the agrarian reform.*
As conversações fracassaram na questão da reforma agrária.

FRAGMENT INTO

fragmentar, dividir

*Protestantism is **fragmented into** several denominations.*
O protestantismo está fragmentado em várias denominações.

FRATERNIZE WITH

confraternizar, manter relações sociais

*He forbade his dancers to **fraternize with** the German soldiers.*
Ele proibiu suas dançarinas de confraternizar com os soldados alemães.

FREELANCE FOR

trabalhar como freelance

*After **freelancing for** GBA for a few years, he started his own business.*
Depois de trabalhar como "frila" na GBA durante alguns anos, ele abriu seu próprio negócio.

FRET ABOUT/OVER

preocupar-se

*I wouldn't **fret about** it if I were you, Pete.*
Eu não me preocuparia com isso se fosse você, Pete.

FROWN AT

franzir as sobrancelhas, fechar a cara, olhar feio

*He **frowned at** her and said, 'Why did you do that?'*
Ele olhou feio para ela e disse: "Por que você fez isso?".

FROWN ON/UPON

desaprovar

*That was a habit that my dad always **frowned upon**.*
Esse era um hábito que meu pai sempre desaprovou.

FULMINATE AGAINST

protestar, criticar, expressar-se com veemência

*In his speech he **fulminated against** cynicism in Brazilian politics.*
Em seu discurso, ele atacou com veemência o cinismo na política brasileira.

FUMBLE FOR

procurar algo desajeitadamente com as mãos, mexer em algo com as mãos

*In the darkness of the room she had to **fumble** about **for** the switch.*
Na escuridão do quarto ela precisou tatear para achar o interruptor.

FUMBLE WITH

mexer em algo com as mãos

*He began to **fumble with** the buckle of his belt, but he was too nervous to unfasten it.*
Ele começou a mexer na fivela do cinto, mas estava tão nervoso que não conseguia abri-lo.

FUME AT/OVER

enfurecer-se, zangar-se

*The football superstar's coach **fumed at** his involvement in cock fighting.*
O técnico do superastro do futebol americano ficou muito irritado com o seu envolvimento em briga de galo.

FURNISH WITH

mobiliar

*They **furnished** their home **with** exquisite antique pieces.*
Eles mobiliaram a casa com antiguidades belíssimas.

fornecer, dar

*She **furnished** the police **with** some important information.*
Ela forneceu à polícia algumas informações importantes.

FUSS WITH/ABOUT

inquietar-se, preocupar-se em demasia

*'Stop **fussing with** your hair, Betty!,' her mother said.*
"Pare de se preocupar com o seu cabelo, Betty!", disse sua mãe.

G

GAB ABOUT

conversar, bater papo

*What are you guys **gabbing about**?*
Do que vocês estão falando?

GABBLE ON/OUT/AWAY

falar rapidamente e de modo incompreensível, tagarelar

*Nothing is more ridiculous than an old man **gabbling on** about his love affairs.*
Não há nada mais ridículo do que um velho tagarelando sobre suas aventuras amorosas.

GAMBLE ON

apostar, jogar

*He **gambled** a lot of money **on** the lottery.*
Ele apostou muito dinheiro na loteria.

apostar, especular

*He was a small investor who decided to **gamble on** making cheap films. Look at him now!*
Ele era um pequeno investidor que resolveu apostar em produzir filmes baratos. Olhe para ele agora!

GAPE AT

olhar com surpresa, de boca aberta, embasbacar-se

*All the boys turned to **gape at** her.*
Todos os rapazes, boquiabertos, se voltaram para olhar para ela.

GARLAND WITH

enfeitar com flores

*The sacred image was **garlanded with** yellow roses.*
A imagem sagrada estava enfeitada com rosas amarelas.

GASP FOR

respirar com dificuldade, arfar, arquejar

*'Can't we do anything?', she said as he **gasped for** breath.*
"Não dá para fazer nada?", ela perguntou, enquanto ele arfava, arquejante.

GAWK AT

olhar fixamente, de forma grosseira ou estúpida

*The crowd **gawked at** the busker doing his thing.*
A multidão não tirava os olhos do artista de rua se exibindo.

GAWP AT

olhar fixamente, de forma grosseira ou estúpida

The crowd ***gawped at*** *the busker doing his thing.*
A multidão não tirava os olhos do artista de rua se exibindo.

GAZE AT

olhar fixamente, olhar por um longo tempo

The child continued to ***gaze at*** *the ball.*
A criança continuou a olhar fixamente para a bola.

GEAR TO/TOWARDS/FOR

orientar, voltar

As far as soccer is concerned, the Germans are ***geared to*** *winning, the Brazilians to playing well.*
No que diz respeito a futebol, os alemães se preocupam em vencer, os brasileiros em jogar bem.

GESTICULATE AT

gesticular, fazer gestos

The other drivers started swearing and ***gesticulating at*** *him.*

Os outros motoristas começaram a xingar e fazer gestos para ele.

GIBE AT

caçoar, zombar, escarnecer

As soon as he started to sing the audience began to ***gibe at*** *him.*
Assim que ele começou a cantar, a plateia passou a caçoar dele.

GIGGLE AT

rir às escondidas, dar risadinhas

She couldn't help but ***giggle at*** *his ridiculous pants.*
Ela não conseguiu conter o riso ao ver as calças ridículas que ele estava usando.

GLANCE AT

olhar de relance, dar uma espiada

He ***glanced at*** *me and winked.*
Ele olhou para mim e piscou.

GLARE AT/THROUGH/IN

olhar friamente, olhar fuzilando

*Why are you **glaring at** me like that?*
Por que você está me olhando desse jeito?

GLEAN FROM

colher, obter

*We were anxiously switching between channels in order to **glean** the latest news **from** the catastrophe.*
Nós estávamos mudando de canal nervosamente a fim de saber das últimas notícias sobre a catástrofe.

GLOAT OVER/ABOUT

vangloriar-se, rir da desgraça alheia

*There he was, **gloating over** the governor's downfall.*
Lá estava ele, deliciando-se com a queda do governador.

GLORY IN

deleitar-se, sentir-se muito feliz

*He **gloried in** his ability to speak five languages.*
Ele tinha muito orgulho de sua capacidade de falar cinco línguas.

GLOWER AT

olhar com raiva

*Why are you **glowering at** me like that?*
Por que você está me olhando desse jeito?

GLUE TO

colar, grudar

*He felt that the communion wafer **glued** itself **to** the roof of his mouth.*
Ele sentiu que a hóstia tinha grudado no céu da boca.

*All the children kept their eyes **glued to** the bird.*
Todas as crianças ficaram com os olhos grudados no pássaro.

GLUT WITH

abarrotar, saturar

*The shelves were **glutted with** cheap goods.*
As prateleiras estavam abarrotadas de produtos baratos.

GNAW AT

roer

*The puppy was trying to **gnaw at** one of my shoes.*
O cachorrinho estava tentando roer um dos meus sapatos.

corroer

*Jealousy **gnawed at** him like a ravenous wolf.*
O ciúme o corroía como um lobo faminto.

GOAD INTO

estimular, instigar

*He was subtly trying to **goad** her **into** revealing her secret.*
Ele estava sutilmente tentando levá-la a revelar o seu segredo.

GOB AT

cuspir

*He lost his head and **gobbed at** the referee!*
Ele perdeu a cabeça e cuspiu no árbitro!

GOGGLE AT

olhar com os olhos arregalados

*Every night she would spend hours **goggling at** the TV screen in her living room.*
Toda noite ela passava horas na sala, de olhos arregalados diante da TV.

GORGE ONESELF ON

empanturrar-se, comer avidamente

*The children **gorged** themselves **on** ice cream.*
As crianças se empanturraram de sorvete.

GOSSIP ABOUT

fofocar

*The whole town is **gossiping about** them.*
A cidade toda está falando deles.

GRAFT ONTO

enxertar

*A tendon from a dead man's leg was **grafted onto** the boy's knee.*
Um tendão da perna de um cadáver de homem foi enxertado no joelho do garoto.

GRAPPLE WITH

enfrentar, tentar resolver

*He was used to **grappling with** that kind of problem.*
Ele estava acostumado a lidar com esse tipo de problema.

GRASS ON

delatar, informar a polícia

*The thriller is about a waitress who **grasses on** a mob chief.*
O filme é sobre uma garçonete que delata um chefe da máfia para a polícia.

GRAVITATE TO/TOWARDS

ser atraído

*Gradually, he began to **gravitate towards** the Communist Party.*
Aos poucos, ele começou a ser atraído pelo Partido Comunista.

GREET WITH

cumprimentar

*When her father arrived home, Anne **greeted** him **with** her usual kiss.*

Quando seu pai chegou, Anne cumprimentou-o com o beijo de costume.

saudar, receber

*His new novel was **greeted with** cautious enthusiasm by the critics.*
Seu último romance foi recebido com um cauteloso entusiasmo por parte dos críticos.

GRIEVE ABOUT/AT/OVER/FOR

sofrer, chorar, lamentar-se

*She **grieved for** the loss of her husband.*
Ela chorou a perda do marido.

GRIMACE AT

fazer uma careta, contorcer o rosto de dor ou de nojo

*He boy took his cough medicine and **grimaced at** the taste.*
O menino tomou o xarope fazendo careta.

GRIN AT

sorrir mostrando os dentes

*She just **grinned at** him and left the room.*
Ela só deu uma risadinha para ele e saiu da sala.

GRIPE ABOUT

reclamar, queixar-se

*He's always **griping about** his boss.*
Ele está sempre reclamando do patrão.

GROUSE ABOUT

reclamar, resmungar

*Aunt Polly was the kind of woman who always had something to **grouse about**.*
A tia Polly era o tipo de mulher que sempre tinha algo de que se queixar.

GRUMBLE AT SOMEONE ABOUT/OVER SOMETHING

reclamar, resmungar, protestar

*Mr. Lowell is constantly **grumbling at** his secretary **about** her work.*
O sr. Lowell está sempre reclamando do trabalho de sua secretária.

GUEST ON

comparecer como convidado a um programa de rádio ou televisão

*She was anxious to **guest on** Jo Soares chat show.*
Ela estava ansiosa para ir ao programa do Jô Soares.

GUM TO/ONTO

colar

*Have they finished **gumming** the labels **onto** the bottles?*
Eles já terminaram de colar os rótulos nas garrafas?

HAND TO

dar em mãos, passar

*Without even opening the envelope, she **handed** it **to** him.*
Sem sequer abrir o envelope, ela o entregou a ele.

HARK AT

ouvir, escutar

*Just **hark at** him! Who does he think he is?*
Ouça só o que ele está dizendo! Quem ele pensa que é?

HARMONIZE WITH

harmonizar, combinar

*Economic development must be **harmonized with** environmental sustainability.*
É necessário que o desenvolvimento econômico combine com a sustentabilidade ambiental.

HESITATE ABOUT/AT/OVER

hesitar, vacilar

*I wonder what she's **hesitating about**.*
Não sei por que ela está hesitando.

HINT AT

sugerir indiretamente, dar a entender

*He had **hinted at** it before, but I thought he was just kidding.*
Ele já tinha dado a entender isso, mas eu pensei que ele só estava brincando.

HOBNOB WITH

aproximar-se, tornar-se amigo de pessoas influentes

*Uncle Harry would never **hobnob with** the upper class.*
Meu tio Harry jamais teria amizade com pessoas da alta sociedade.

HOPE FOR

esperar, desejar

*She was everything he had always **hoped for**.*
Ela era tudo que ele sempre quis.

HUNGER FOR/AFTER

ansiar, desejar ardentemente

*He **hungered for** revenge.*
Ele sonhava com a vingança.

I

IMBUE WITH

inspirar, imbuir

*Lieutenant Mirabile hoped to **imbue** his men **with** the same patriotic values he cherished.*
O tenente Mirabile esperava incutir em seus homens os mesmos valores patrióticos em que ele acreditava.

IMPACT ON

afetar, influenciar

*The new interest rates will certainly **impact on** our profit margins.*
As novas taxas de juros com certeza vão afetar nossas margens de lucro.

IMPALE ON

empalar, espetar

*After the King was beheaded, his head was **impaled on** a spear.*

Depois que o rei foi decapitado, sua cabeça foi espetada numa lança.

IMPART TO

comunicar, transmitir, conferir

*He was able to keep the traditions of his people alive and **impart** them **to** his son.*
Ele conseguiu manter vivas as tradições do seu povo e transmiti-las ao seu filho.

IMPINGE ON/UPON

afetar, influenciar

*She was determined not to let that tragedy **impinge on** her daughter's life.*
Ela estava determinada a não permitir que aquela tragédia afetasse a vida de sua filha.

IMPLANT IN/INTO

implantar

*One day dead people's brains will be removed and successfully **implanted into** living people.*
Um dia o cérebro de um cadáver será removido e implantado com sucesso num ser humano vivo.

incutir

*It is a program that aims at **implanting** respect for ethics and good behavior **into** our children.*
É um programa que visa incutir em nossos jovens respeito à ética e aos bons costumes.

IMPOSE ON

impor

*A curfew was **imposed on** all those villages from 9 p.m. to 6 a.m.*
Foi imposto sobre todas aquelas povoações um toque de recolher entre as 9 da noite até as 6 da manhã.

IMPREGNATE WITH

impregnar

*The atmosphere was **impregnated with** tension.*
O ambiente estava impregnado de tensão.

IMPUTE TO

imputar, atribuir a culpa ou a responsabilidade a alguém

*That gaffe may well be **imputed to** his inexperience in dealing with reporters.*
Aquela gafe pode muito bem ser imputada à inexperiência dele em lidar com repórteres.

INCISE IN/INTO

entalhar, gravar

La Pietà is the only sculpture ***into*** *which Michelangelo* ***incised*** *his name.*
A Pietà é a única escultura em que Michelangelo gravou seu nome.

INDEMNIFY AGAINST

indenizar

What we want to know is who will ***indemnify*** *us* ***against*** *all the financial loss that we have had.*
O que nós queremos saber é quem vai nos indenizar por todo o prejuízo que tivemos.

INDICT FOR

indiciar, pronunciar, acusar

She was ***indicted for*** *perjury.*
Ela foi indiciada por perjúrio.

INDULGE IN

satisfazer uma vontade, permitir-se

On certain occasions she would sometimes ***indulge in*** *a glass of sherry.*

Em certas ocasiões, ela às vezes se permitia tomar um cálice de xerez.

entregar-se

*When he was a boy he often **indulged in** sexual fantasies.*
Quando era garoto, muitas vezes ele se entregava a fantasias sexuais.

INFECT WITH

infectar, contaminar

*She was **infected with** the HIV virus by her husband.*
Ela foi contaminada com o vírus HIV pelo seu próprio marido.

INFER FROM

inferir, deduzir

*I **inferred from** his accent that he was French.*
Eu deduzi, a partir do seu sotaque, que ele era francês.

INFEST WITH

infestar

*The garden was **infested with** ants.*
O jardim estava infestado de formigas.

INFILTRATE INTO

infiltrar-se

*A secret agent **infiltrated into** the organization to scuttle their plans.*
Um agente secreto se infiltrou na organização para atrapalhar seus planos.

INFLICT ON/UPON

infligir, impor

*He was a sordid dictator who **inflicted** all sorts of suffering **on** his people.*
Ele foi um ditador sórdido que infligiu toda sorte de sofrimento ao seu povo.

INFUSE INTO/WITH

infundir, impregnar

*She hoped to **infuse** some sort of order **into** his life after they got married.*
Ela tinha esperança de trazer um pouco de ordem à sua vida depois que se casassem.

INGRATIATE WITH

cair nas boas graças

*In order to **ingratiate** himself **with** the local population, he promised to build a new hospital in the area.*

A fim de conquistar a simpatia da população local, ele prometeu construir um novo hospital na região.

INHERIT FROM

herdar

*She **inherited** her stubbornness **from** her father.*
Ela herdou aquela teimosia do seu pai.

INJECT INTO/WITH

injetar

*It was his objective to **inject** new life **into** the stagnated economy.*
O objetivo dele era injetar vida nova naquela economia estagnada.

INOCULATE WITH/AGAINST

inocular, vacinar

*The Ministry of Health hopes to **inoculate** 90 million people **with** the A/H1N1 vaccine by the end of May.*
O Ministério da Saúde espera vacinar 90 milhões de pessoas contra o vírus da gripe suína até o fim de maio.

INPUT INTO

alimentar um computador com dados

Unfortunately all the information that had been ***input into*** *the system has been lost.*
Infelizmente, todas as informações que tinham sido inseridas no sistema se perderam.

INSCRIBE IN/ON

inscrever

Their names will forever be ***inscribed in*** *our hearts.*
Seus nomes ficarão para sempre gravados em nossos corações.

INSERT IN/INTO/BETWEEN

inserir, incluir

I decided to ***insert*** *two YouTube videos* ***into*** *my PowerPoint presentation.*
Eu resolvi incluir dois vídeos do YouTube na minha apresentação de PowerPoint.

INSTILL IN/INTO

instilar, inculcar

He was an extraordinary teacher who managed to ***instill*** *the love of reading* ***in*** *all of us.*

Ele foi um professor extraordinário que conseguiu instilar em nós todos o amor à leitura.

INSULATE FROM/AGAINST

isolar, proteger

This kind of fabric is ideal for ***insulating*** *us* ***from*** *the cold.*
Este tipo de tecido é ideal para nos proteger do frio.

INTERACT WITH

interagir, agir mutuamente

This is a very simple computer that even an inexperienced user can ***interact with.***
Este computador é tão simples que até mesmo um usuário inexperiente pode interagir com ele.

INTERBREED WITH

cruzar, produzir espécies híbridas

Wolves may occasionaly ***interbreed with*** *dogs.*
Os lobos podem ocasionalmente cruzar com cães.

INTERCEDE WITH

interceder

*He made no attempt to **intercede with** the authorities.*
Ele não esboçou nenhuma tentativa de interceder junto às autoridades.

INTERCHANGE WITH

trocar

*These two medications cannot **interchange with** each other.*
Estes dois remédios não podem ser trocados um pelo outro.

INTEREST IN

interessar-se

*After his wife died he began to **interest** himself **in** spiritualism.*
Depois que a esposa morreu, ele passou a se interessar por espiritismo.

INTERFACE WITH

interagir, interligar

*Sometimes you have to operate email systems that do not **interface with** each other.*

Às vezes você tem que operar sistemas de e-mail que não interagem entre si.

INTERFERE WITH

interferir, intrometer-se

*Should schools **interfere with** students' private life?*
As escolas devem interferir na vida particular dos alunos?

INTERLINK WITH

interligar

*How do these two systems **interlink with** each other?*
Como estes dois sistemas estão interligados?

INTERLOCK WITH

engrenar, entrelaçar

*Almost all of these programs **interlock with** one another.*
Quase todos esses programas se entrelaçam.

INTERMARRY WITH

casar-se com pessoa de outra etnia, religião ou condição social

*Under apartheid black South Africans were not allowed to **intermarry with** white people.*

No regime do apartheid, os negros da África do Sul não podiam casar-se com pessoas brancas.

INTERMINGLE WITH

mesclar

In Bahia the worship of African gods ***intermingles with*** *the Catholic religion.*
Na Bahia a adoração de deuses africanos se mescla com a religião católica.

INTERSPERSE WITH

entremear

It's an Italian movie, with lots of funny situations ***interspersed with*** *tears.*
É um filme italiano, com muitas situações engraçadas, entremeadas com lágrimas.

INTERTWINE WITH

entrelaçar, interligar

The fight against terrorism is deeply ***intertwined with*** *our commitment to democracy.*
A luta contra o terrorismo está intimamente ligada ao nosso compromisso com a democracia.

INTERVENE IN

intervir

*The UN has no authority to **intervene in** such matters.*
A ONU não tem autoridade para intervir em tais assuntos.

INTRODUCE INTO/TO

apresentar

*'Aren't you going to **introduce** your friend **to us**?,' she asked.*
"Você não vai nos apresentar o seu amigo?", ela perguntou.

introduzir

*It's an attempt to **introduce** a breath of fresh air **into** our educational system.*
É uma tentativa de introduzir um pouco de vida em nosso sistema educacional.

INTRUDE INTO/ON/UPON

intrometer-se, atrapalhar, interferir

*I feel like every time the telephone rings, someone is **intruding on** my privacy.*
Eu sinto que toda vez que o telefone toca, alguém está invadindo minha privacidade.

INUNDATE WITH

inundar, cobrir de água

*Every year the southern part of the area is **inundated with** water.*
Todo ano a parte sul da área fica coberta de água.

enviar alguma coisa em grande quantidade

*After the accident we have been **inundated with** donations from neighbors and friends.*
Depois do acidente nós temos recebido um grande número de donativos de amigos e vizinhos.

INURE TO

acostumar-se

*I'm **inured to** all kinds of weather.*
Estou acostumado com todo tipo de tempo.

INVEIGH AGAINST

atacar, criticar, denunciar

*He wrote a violent article in The Chronicle, **inveighing against** foul language in movies and theater plays.*
Ele escreveu um artigo violento no Chronicle, criticando o uso de palavrões em filmes e peças de teatro.

INVEIGLE INTO

persuadir, convencer através de bajulação ou falsas promessas

*He was trying to **inveigle** them **into** closing the deal.*
Ele estava tentando convencê-los a fechar o negócio.

INVEST IN

investir, aplicar dinheiro, tempo ou energia

*'The secret,' he said, 'is to **invest in** local enterprises.'*
"O segredo", ele disse, "é investir em empreendimentos locais."

INVITE TO/FOR

convidar

*We haven't been **invited to** their daughter's wedding.*
Não fomos convidados para o casamento da filha deles.

INVOLVE IN

envolver

*The mayor's wife was also **involved in** the scandal.*
A esposa do prefeito também estava envolvida no escândalo.

ISOLATE FROM

isolar, afastar-se do convívio social

After the divorce she felt she'd better ***isolate*** *herself* ***from*** *social life for a while.*
Depois do divórcio, ela achou melhor isolar-se da vida social por uns tempos.

isolar, identificar

We believe we have succeeded in ***isolating*** *the new virus in our lab.*
Acreditamos ter conseguido isolar o novo vírus em nosso laboratório.

JEER AT

zombar, caçoar

The same public who cheered him on years ago now ***jeered at*** *him.*
O mesmo público que o aclamava anos atrás agora zombava dele.

JEST ABOUT

brincar, fazer piada

How dare you ***jest about*** *such a catastrophe?*
Como você se atreve a fazer piada com uma catástrofe dessas?

JIB AT

relutar, não querer

*I can understand why he **jibbed at** investing in that business.*
Eu entendo por que ele relutava em investir naquele negócio.

JIBE AT

caçoar, zombar, escarnecer

*As soon as he started to sing the audience began to **jibe at** him.*
Assim que ele começou a cantar, a plateia passou a caçoar dele.

JOCKEY FOR

tentar levar vantagem a qualquer preço

*The hungry birds **jockeyed for** position to grab the biggest fish.*
Os pássaros famintos brigavam para se colocar em posição de agarrar os maiores peixes.

JOLLY INTO

convencer, persuadir

*It was not easy to **jolly** her **into** taking her medication.*
Não foi fácil convencê-la a tomar o remédio.

JUGGLE WITH

fazer malabarismo, mantendo um ou mais objetos no ar

*He's very good at **juggling with** knives and torches.*
Ele é muito bom para fazer malabarismo com facas e tochas.

conciliar

*Meteorologists often have to **juggle** radar imagery **with** climatic models.*
Os meteorologistas muitas vezes têm de conciliar as imagens de radar com modelos climáticos.

K

KOWTOW TO

bajular, rastejar-se

*He is always finding a way to **kowtow to** his superiors.*
Ele está sempre encontrando um jeito de bajular seus superiores.

L

LABOR AT/OVER

trabalhar com afinco, dedicar-se

*He spent ten years **laboring at** what is now regarded as his greatest work.*
Ele passou dez anos trabalhando no que hoje é considerado como sua maior obra.

LAG BEHIND

atrasar-se, demorar-se, ficar para trás

The economic recovery of Argentina will ***lag behind*** *Brazil's this year.*
A recuperação econômica da Argentina ficará atrás da do Brasil neste ano.

LAMENT OVER

lamentar

The governor ***lamented over*** *the tragic loss of lives caused by the accident.*
O governador lamentou a trágica perda de vidas causada pelo acidente.

LAUGH AT

rir

I wonder why they are all ***laughing at*** *him.*
Não sei por que eles todos estão rindo dele.

LAVISH ON/UPON

dar generosamente, esbanjar

The nuns were always ready to ***lavish*** *love and attention* ***on*** *those poor children.*
As freiras estavam sempre prontas a dar amor e carinho àquelas pobres crianças.

LEAVEN WITH

animar

*He **leavened** the story **with** a bit of bleak humor.*
Ele apimentou a história com um pouco de humor negro.

LECTURE IN/ON

dar aula em faculdade, fazer palestras

*My daughter-in-law **lectures on** biology at UFSCar.*
Minha nora leciona biologia na UFSCar.

LEER AT

olhar com malícia, com segundas intenções

*I couldn't fail to notice how he **leered at** her.*
Não pude deixar de notar como ele olhava para ela com malícia.

LEGISLATE ON/FOR/AGAINST

legislar, elaborar leis

*Do you think Congress should **legislate on** capital punishment?*
Você acha que o Congresso deveria elaborar uma lei referente à pena de morte?

LEVY ON

lançar impostos

*Many economists believe there is no actual difference whether the tax is **levied on** the consumer or the producer.*
Para muitos economistas, não faz diferença se o imposto incide sobre o consumidor ou o produtor.

LIAISE WITH

trabalhar em conjunto, cooperar

*Local police are **liaising with** FBI to find the kidnappers.*
A polícia local está trabalhando em conjunto com o FBI a fim de encontrar os sequestradores.

LIBERATE FROM

liberar, livrar

*It was his faith that **liberated** him **from** a certain death.*
Foi graças à sua fé que ele se livrou de morte certa.

LIKEN TO

comparar, equiparar

*In that sonnet, the poet **likens** death **to** eternal, dreamless sleep.*

Naquele soneto, o poeta compara a morte ao sono eterno e sem sonhos.

LIMIT TO

limitar

The launch of their new album will be ***limited to*** *the US only.*
O lançamento do seu novo CD se limitará apenas aos Estados Unidos.

LISTEN TO

ouvir

Are you ***listening to*** *what I'm saying?*
Você está ouvindo o que eu estou dizendo?

dar ouvidos, prestar atenção

You should have ***listened to*** *your father.*
Você devia ter dado ouvidos a seu pai.

LOBBY FOR/AGAINST

pressionar a opinião pública ou congressistas

They are clearly ***lobbying for*** *the suspension of the sanctions against Iran.*

Eles estão visivelmente fazendo pressão para que sejam suspensas as sanções contra o Irã.

LONG FOR

querer, desejar, ansiar

*In all those years of prison Edmond Dantes **longed for** revenge.*
Em todos aqueles anos de prisão, Edmond Dantés ansiou por vingança.

LOOK AT

olhar

***Look at** me!*
Olhe para mim!

LORD IT OVER

tripudiar, mandar

*Why **lord it over** him? You don't flog a dead horse, do you?*
Por que tripudiar sobre ele? Não se chuta cachorro morto, não é verdade?

LUNGE AT

investir, atacar

The woman ***lunged at*** *the mugger after he snatched her bag.*
A mulher partiu para cima do ladrão depois que ele agarrou sua bolsa.

LURE INTO/TO

atrair, seduzir, tentar

He used the internet to ***lure*** *young girls* ***into*** *his apartment.*
Ele usava a internet para atrair garotinhas para o seu apartamento.

LUXURIATE IN

deliciar-se, regalar-se

Luxuriate in *a tropical island on your next vacation. Come to Itaparica.*
Curta uma ilha tropical nas suas próximas férias. Venha para Itaparica.

MAJOR IN

fazer um curso universitário

She ***majored in*** *Psychology at UCLA in 2006.*
Ela se formou em psicologia na UCLA em 2006.

MAN WITH

equipar com homens, tripular

The Coast Guard boat was ***manned with*** *14 men.*
O navio da Guarda Costeira tinha uma tripulação de 14 homens.

MARVEL AT

espantar-se, admirar-se

Sitting at the hotel veranda, she ***marveled at*** *the magnificent landscape.*
Sentada na varanda do hotel, ela ficou admirando a magnífica paisagem.

MASQUERADE AS

disfarçar

Masquerading as *a famous rapper, a scammer is sending fake emails asking for donations to the earthquake victims in Haiti.*
Disfarçado como um rapper famoso, um malandro está enviando e-mails falsos, pedindo donativos para as vítimas do terremoto no Haiti.

MATE WITH

acasalar-se, cruzar

*A hybrid skeleton found in Portugal shows that Neanderthals may have **mated with** early modern humans.*
Um esqueleto híbrido encontrado em Portugal mostra que é possível que os neandertais tenham cruzado com os primeiros seres humanos modernos.

MAUNDER ON

reclamar, resmungar

*I can't stand people who **maunder on** about global warmth and that kind of stuff.*
Eu não aguento essas pessoas que ficam falando sem parar no aquecimento global e esse tipo de coisa.

MEDDLE IN/WITH

intrometer-se, interferir

*Why does she insist on **meddling in** my personal life?*
Por que ela insiste em se intrometer na minha vida pessoal?

mexer

*Stop **meddling with** my mail!*
Pare de mexer na minha correspondência!

MEDIATE BETWEEN

mediar, servir de intermediário

*Brazil offered to **mediate between** the US and Iran.*
O Brasil se ofereceu para servir de intermediário entre os Estados Unidos e o Irã.

MEDITATE ON/UPON

meditar, pensar

*You ought to **meditate on** God's Word.*
Você deveria meditar sobre a palavra de Deus.

MENTION TO

mencionar, fazer uma referência

*Michael Jackson's doctor didn't **mention** propofol **to** the paramedics who got to the pop star's home soon after his cardiac arrest.*
O médico de Michael Jackson não mencionou propofol aos paramédicos que foram à casa do pop star logo depois do seu ataque cardíaco.

MESH WITH

engrenar, harmonizar-se

*His opinions didn't quite **mesh with** mine as far as democracy was concerned.*

As opiniões dele não combinavam com as minhas no que diz respeito à democracia.

METAMORPHOSE INTO/TO

transformar-se, sofrer metamorfose

In his novel Robert Louis Stevenson describes how Dr. Jekyll ***metamorphoses into*** *Mr. Hyde.*
Em seu romance, Robert Louis Stevenson descreve como o Dr. Jekyll se transforma em Mr. Hyde.

MILITATE AGAINST

pesar, recair

The candidate's past as a terrorist ***militates against*** *him.*
O passado do candidato como terrorista depõe contra ele.

MINISTER TO

atender, dar assistência

The nuns of the Ursuline convents were always ready to ***minister to*** *the poor in their distress.*
As freiras dos conventos ursulinos estavam sempre prontas a dar assistência aos pobres em seu infortúnio.

MOON ABOUT/AROUND

ficar sem fazer nada, perder tempo

*He's been **mooning around** all day, doing absolutely nothing.*
Ele passou o dia todo sem fazer absolutamente nada.

MULTIPLY BY

multiplicar

*5 **multiplied by** 5 makes 25.*
5 multiplicado por 5 dá 25.

MUSE ABOUT/ON/OVER/UPON

pensar, meditar

*What else could he do but **muse on** the past?*
Que mais ele poderia fazer se não pensar no passado?

MUTATE INTO

sofrer mutação

*Is it possible for H1N1 to **mutate into** a supervirus?*
Existe a possibilidade de o vírus H1N1 transformar-se num supervírus?

N

NAG AT

aborrecer, importunar

*Stop **nagging at** me!*
Pare de me aborrecer!

NATTER ABOUT/ON

conversar, bater papo

*So that's what you've been **nattering about**, eh?*
Então é sobre isso que vocês estão falando, hein?

NIGGLE AT/ABOUT/OVER

aborrecer, importunar

*His insinuations **niggled at** me for a long time, but I got over them now.*
Suas insinuações me incomodaram durante muito tempo, mas eu já superei isso.

NOMINATE AS/FOR

indicar

*Richard Gere has never been **nominated for** an Oscar.*
Richard Gere nunca foi indicado para um Oscar.

nomear

*Ban Ki Moon was **nominated as** Secretary-General in 2006.*
Ban Ki Moon foi nomeado Secretário-Geral da ONU em 2006.

NOTIFY OF

notificar, informar

*We will **notify** you **of** any news concerning health plans.*
Nós o manteremos informados sobre tudo que diz respeito a planos de saúde.

O

OBJECT TO

objetar, fazer objeção, opor-se

*We **object to** the way those prisoners are kept.*
Nós nos opomos à maneira com que esses prisioneiros são mantidos.

OBTRUDE ON/UPON

impor

*Don't misunderstand me. I'm not trying to **obtrude** my viewpoints **on** you.*
Não me entenda mal. Eu não estou tentando impor minhas opiniões a você.

OD ON

tomar uma overdose

The autopsy confirmed that he had ***oded on*** *heroin.*
A autópsia confirmou que ele tomou uma overdose de heroína.

OFFICIATE AT

oficiar, celebrar

The Archbishop himself ***officiated at*** *our daughter's wedding.*
O próprio arcebispo celebrou o casamento de nossa filha.

OGLE AT

olhar fixamente, comer com os olhos

Stop ***ogling at*** *her! You're embarrassing her.*
Pare de olhar para ela desse jeito! Você a está constrangendo.

OOZE FROM/OUT

sair, vazar, escapar

She said she had seen tears of blood ***oozing out*** *of the statue's eyes.*

Ela disse que tinha visto lágrimas de sangue escorrendo dos olhos da estátua.

OSCILLATE BETWEEN

oscilar

Her feelings toward him ***oscillate between*** *admiration and contempt.*
Seus sentimentos em relação a ele oscilam entre a admiração e o desprezo.

OUST FROM

expulsar, depor, destituir, desalojar

Kurmanbek Bakiyev, the President of Kyrgystan, was ***ousted from*** *office by an angry mob in 2010.*
Kamanbek Bakiyev, o presidente do Quirguistão, foi destituído do poder por uma multidão enfurecida em 2010.

OVERBURDEN WITH

sobrecarregar

Don't ***overburden*** *your children* ***with*** *things they are not yet ready to understand.*
Não sobrecarregue seus filhos com coisas que eles ainda não estão preparados para entender.

OVERCHARGE FOR

cobrar mais do que o devido

*I was **overcharged for** a computer I bought at Forset's the other day.*
Cobraram-me a mais por um computador que eu comprei na Forset's outro dia.

OVERCOMPENSATE FOR

compensar em excesso

*He **overcompensated for** his emotional insecurity by being rude to people.*
Ele compensava sua insegurança emocional sendo grosseiro com as pessoas.

OVERDOSE ON

tomar uma dose excessiva

*The autopsy confirmed that he had **overdosed on** a lethal combination of medications.*
A autópsia confirmou que ele tomou uma overdose letal de vários remédios.

OVERINDULGE IN

abusar, comer ou beber demais

*Although he is diabetic, he sometimes **overindulges in** sweets.*
Embora seja diabético, ele às vezes abusa do açúcar.

OVERLOAD WITH

sobrecarregar

*All of a sudden my mailbox was **overloaded with** spam.*
De repente, minha caixa de correspondência ficou superlotada de mensagens publicitárias.

OVERREACT TO

exagerar, reagir com exagero

*OK, I admit I **overreacted to** the situation. I'm sorry.*
Está bem, eu admito que exagerei na minha reação diante daquela situação. Desculpe.

OVERSPEND ON

gastar demais, esbanjar

*I'm afraid I've been **overspending on** debit cards for the last few months.*
Acho que andei gastando demais com meu cartão de débito nos últimos meses.

OVERSTOCK WITH

estocar mais do que o necessário

*The bookstore was **overstocked with** Harry Potter novels.*
A livraria estava abarrotada de livros da série Harry Potter.

P

PALL ON

aborrecer, cansar

*Those jokes were beginning to **pall on** me.*
Aquelas piadinhas estavam começando a me aborrecer.

PANDER TO

ceder, fazer concessões

*There was no time to **pander to** her whims.*
Não havia tempo para satisfazer seus caprichos.

PANIC AT

entrar em pânico

*He **panicked at** the thought of having to marry her.*
Ele se apavorou ao pensar em ter de casar-se com ela.

PARLEY WITH

entrar em acordo, negociar

*'I refuse to **parley with** ringleaders,' said the mayor.*
"Eu me recuso a negociar com desordeiros", disse o prefeito.

PART FROM

partir, separar-se

*'Don't even think of **parting from** me,' she said.*
"Nem pense em se separar de mim", ela disse.

PARTAKE IN

participar

*It's a privilege and an honor to **partake in** this project.*
É um privilégio e uma honra participar deste projeto.

PARTAKE OF

comer e beber

*He **partook of** lunch with very little appetite, as he was, in his own words, 'full up'.*
Ele almoçou sem muito apetite, pois estava, conforme ele mesmo disse, "lotado".

PARTICIPATE IN

participar

*All the civil servants who had **participated in** the scheme were arrested.*
Todos os funcionários públicos que participaram da fraude foram presos.

PARTITION INTO

dividir

*The hall has been **partitioned into** two rooms by a plywood screen.*
O salão foi dividido em duas salas por uma divisória de madeira compensada.

PECK AT

bicar

*The pigeons began to **peck at** the breadcrumbs I threw to them.*
Os pombos começaram a bicar as migalhas de pão que eu lhes atirava.

comer pouco

*As she had no appetite, she just **pecked at** the food.*
Como estava sem apetite, ela só beliscou a comida.

PEEK AT

espiar, olhar secretamente

I used to ***peek at*** *my cousin Helen through my window.*
Eu costumava espiar minha prima Helen pela janela.

PEEP AT

espiar, olhar furtivamente

I used to ***peep at*** *my cousin Helen through my window.*
Eu costumava espiar minha prima Helen pela janela.

PEER AT

olhar atentamente, forçar a vista

He took the city map out of his pocket and ***peered at*** *it.*
Ele tirou o mapa da cidade do bolso e examinou-o atentamente.

PEPPER WITH

crivar de perguntas

The ex-minister was ***peppered with*** *questions about his resignation.*
O ex-ministro foi crivado de perguntas sobre sua renúncia.

salpicar

*His lecture was **peppered with** quotations from Hamlet and Macbeth.*
Sua palestra estava recheada de citações extraídas de Hamlet e de Macbeth.

PERCH ON

pousar

*The parrot flew out through the window and **perched on** a tree in the garden.*
O papagaio voou pela janela e pousou numa árvore do jardim.

dependurar-se, encarapitar-se

*He **perched on** a stool next to the fire, holding his cup between his hands.*
Ele se ajeitou num banco perto da lareira, segurando a xícara com ambas as mãos.

PERCOLATE THROUGH

penetrar, infiltrar-se

*Acid rain **percolated through** the soil and contaminated the crops.*
A chuva ácida se infiltrou no solo e contaminou as plantações.

*The popularity of those 'sex bracelets' in schools has **percolated through** the media.*
A popularidade dessas "pulseiras do sexo" nas escolas se infiltrou na mídia.

PERSEVERE WITH/IN

perseverar, persistir

*In spite of the pain, he **persevered with** the treatment.*
Apesar das dores, ele persistiu com o tratamento.

PERSIST IN

persistir, insistir, continuar

*Although Bertha has been with us for twelve years, she still **persists in** calling me 'missus'.*
Embora a Bertha esteja conosco há doze anos, ela ainda insiste em me chamar de "dona".

PERTAIN TO

relacionar-se, referir-se

*The attorney argued that that incident did not **pertain to** the case.*
O advogado argumentou que aquele incidente não tinha nenhuma relação com o caso.

PETITION FOR/AGAINST

requerer, entrar com um pedido, fazer uma petição

*She decided to **petition for** divorce.*
Ela resolveu entrar com um pedido de divórcio.

*He was determined to **petition against** Ford Motor Company.*
Ele estava decidido a mover um processo contra a Ford.

PHILOSOPHIZE ABOUT/ ON

filosofar

*There he was again, **philosophizing about** ethics in politics.*
Lá estava ele de novo, filosofando sobre a ética na política.

PIGGYBACK ON

aproveitar-se

*That coincidence enabled him to **piggyback on** my expertise in sales management.*
Aquela coincidência permitiu que ele aproveitasse a minha experiência em matéria de vendas.

PILFER FROM

furtar, surrupiar

*Two valuable paintings **pilfered** last month **from** Masp have been recovered.*
Dois valiosos quadros, furtados do Masp no mês passado, foram recuperados.

PLAGUE WITH

castigar, afligir, atormentar

*The area known as Crackland is **plagued with** drugaddicts.*
A área conhecida como Cracolândia está infestada de viciados.

PLOD ALONG/ON

avançar lentamente

*She felt sorry for him, **plodding on** day after day with his boring job.*
Ela tinha pena dele, batalhando dia após dia em seu empreguinho chato.

POINT AT/TO

apontar

'Ask her,' he said ***pointing at*** *Sarah.*
"Pergunte para ela", ele disse, apontando para a Sarah.

PONDER ON/OVER

pensar, ponderar, considerar

She sat there all by herself, ***pondering on*** *what had gone wrong.*
Ela ficou sentada ali sozinha, pensando no que tinha dado errado.

PONTIFICATE ABOUT/ON

pontificar, discorrer com suposta autoridade

In my opinion, he is the last person to ***pontificate about*** *honesty.*
Na minha opinião, ele é a última pessoa com direito a falar sobre honestidade.

PORE OVER

examinar, estudar cuidadosamente

She took the train timetable out of her purse and began to ***pore over*** *it.*

Ela tirou da bolsa o folheto com o horário dos trens e começou a estudá-lo.

PORTION OUT

dividir, repartir

His will established that his wealth should be ***portioned out*** *among five different charities.*
O testamento dele estabelecia que sua fortuna deveria ser dividida entre cinco diferentes instituições de caridade.

POSTPONE TO/UNTIL

adiar, protelar

The announcement of the rise in the price of fuel will of course be ***postponed until*** *after the election.*
O anúncio do aumento no preço dos combustíveis será, naturalmente, adiado para depois da eleição.

POUNCE ON/UPON

avançar, atacar

For a moment he thought the dog was going to ***pounce on*** *him.*
Por um momento ele pensou que o cachorro ia atacá-lo.

POUND AT/ON

bater, golpear

*He **pounded at** her door but she refused to open it.*
Ele bateu na porta com força, mas ela se recusou a abrir.

PRATTLE ON ABOUT

tagarelar, conversar sobre coisas sem importância

*She could **prattle on about** her grandchildren for hours.*
Ela era capaz de ficar horas falando dos netos.

PRECLUDE FROM

impedir, impossibilitar

*His poor eyesight did not **preclude** him **from** practicing sports.*
Sua visão deficiente não o impedia de praticar esporte.

PREDISPOSE TO

predispor, dispor com antecedência

*Too much refined sugar may **predispose to** either diabetes or obesity.*
O consumo excessivo de açúcar refinado pode predispor uma pessoa ao diabetes ou à obesidade.

PREDOMINATE OVER

predominar, prevalecer

*In dictatorial regimens, worship of the Leader **predominates over** the principle of Liberty.*
Nos regimes ditatoriais, a veneração ao líder predomina sobre o princípio da liberdade.

PRESIDE AT/OVER

presidir

*Who **presides over** any meeting of the council when the mayor is absent?*
Quem preside as reuniões do conselho na ausência do prefeito?

PREVENT FROM

impedir

*His arthritis did not **prevent** him **from** going on with his painting.*
Sua artrite não o impediu de continuar pintando.

PREY ON/UPON

atacar e matar para alimentar-se

*Some species of birds **prey** exclusively **on** fish.*
Algumas espécies de aves alimentam-se exclusivamente de peixes.

atacar, pilhar

The gang ***preyed on*** *passengers who left the airport carrying laptops.*
A quadrilha atacava passageiros que saíam do aeroporto carregando laptops.

aproveitar-se, tirar vantagem

How could you do that, ***prey on*** *such a vulnerable elderly woman?*
Como você pôde fazer isso, aproveitar-se de uma velhinha tão vulnerável?

PRIDE ONESELF ON

orgulhar-se, ufanar-se

He ***prided himself on*** *being a true patriot who had served his country with dignity.*
Ele se orgulhava de ser um verdadeiro patriota que servira seu país com dignidade.

PROFIT FROM/BY

lucrar

How much do you expect to ***profit from*** *the transaction?*
Quanto você espera lucrar com a transação?

They could have ***profited*** *a fortune* ***by*** *simply selling their shares.*

Eles poderiam ter lucrado uma fortuna simplesmente vendendo suas ações.

PROHIBIT FROM

proibir

*There's no law that **prohibits** a doctor **from** having an affair with his or her patients.*
Não há nenhuma lei que proíba um médico de ter um caso com seus pacientes.

PROSECUTE FOR

processar, levar a julgamento

*The laboratory will be **prosecuted for** fake advertising.*
O laboratório será processado por publicidade enganosa.

PROSPECT FOR

fazer prospecção, explorar o solo em busca de petróleo, minério, pedras preciosas etc.

*They are **prospecting for** gold in Tocantins.*
Eles estão procurando ouro em Tocantins.

PROTECT AGAINST/FROM

proteger

*A vaccine that **protects against** the swine flu virus has been developed in our laboratories.*
Foi desenvolvida em nossos laboratórios uma vacina que protege as pessoas contra o vírus da gripe suína.

PROTEST ABOUT/AGAINST/AT

protestar

*They were **protesting against** human rights violations.*
Eles estavam protestando contra as violações dos direitos humanos.

PROTRUDE FROM

saltar, sobressair, destacar-se

*The point of a knife **protruded from** under his coat.*
A ponta de uma faca despontava por baixo do seu casaco.

PRY INTO

intrometer-se, bisbilhotar

*Don't take me wrong, I'm not trying to **pry into** your personal affairs.*

Não me entenda mal, eu não estou tentando me intrometer na sua vida pessoal.

PUN ON

fazer trocadilhos

He is known for always ***punning on*** *names.*
Ele é conhecido por estar sempre fazendo trocadilhos com nomes.

PURGE OF/FROM

expurgar, livrar

The new governor promised to ***purge*** *the police* ***of*** *corrupt officers.*
O novo governador prometeu expurgar da polícia os oficiais corruptos.

PURLOIN FROM

furtar, roubar

He managed to ***purloin*** *a copy of his aunt's will* ***from*** *her room.*
Ele conseguiu roubar uma cópia do testamento da tia do quarto dela.

PURVEY TO

fornecer, prover, transmitir

*Their only concern is to **purvey** reliable information **to** the public.*
Sua única preocupação é transmitir ao público informações confiáveis.

PUSSYFOOT ABOUT/AROUND

falar com extrema cautela, evitando magoar ou ofender alguém

*Stop **pussyfooting about** and tell me what's going on, for Christ's sake!*
Pare de enrolar e me diga o que está acontecendo, pelo amor de Deus!

PUTTER ABOUT/AROUND

passar o tempo fazendo coisas agradáveis

*In her rare moments of leisure, she liked to **putter around** in the shops of her small town.*
Em seus raros momentos de lazer, ela gostava de perambular pelas lojas de sua cidadezinha.

Q

QUAIL AT/BEFORE

intimidar-se, apavorar-se, encolher-se de medo

*He **quailed at** the thought of being taken to prison.*
Ele tremia de medo ao pensar em ser preso.

QUALIFY AS/FOR

passar em um exame, formar-se, habilitar-se

*He **qualified as** a doctor in 2008.*
Ele se formou em medicina em 2008.

ter o direito, preencher os requisitos

*Which candidate, in your opinion, is better **qualified as** President?*
Qual candidato, na sua opinião, é mais qualificado para ser presidente?

classificar-se

*A mere draw in their next match will **qualify** them **for** the European Championship finals in July.*
Um simples empate no próximo jogo vai classificá-los para as finais do Campeonato Europeu em julho.

QUARREL WITH/ABOUT

brigar, discutir

*Father Murphy **quarreled with** the bishop and left the church.*
O Padre Murphy brigou com o bispo e abandonou a igreja.

*They are always **quarreling about** money.*
Eles estão sempre brigando por causa de dinheiro.

QUARRY FROM

extrair pedra de pedreira

*The cathedral was built in the sixteenth century from stone **quarried from** a cliff nearby.*
A catedral foi construída no século XVI com pedra extraída de um penhasco próximo.

QUIBBLE ABOUT/OVER

reclamar de pequenas coisas, discutir por ninharia

*OK, you're right. I'm not going to **quibble about** it.*
Está bem, você tem razão. Eu não vou discutir sobre isso.

QUIZ ABOUT

perguntar, inquirir, interrogar

*Three suspects have been **quizzed about** the robbery but no one has been indicted yet.*
Três suspeitos já foram interrogados a respeito do assalto, mas ninguém ainda foi indiciado.

R

RAGE AT/AGAINST

insurgir-se, enfurecer-se, atacar

*I don't know why she **raged at** me.*
Eu não sei por que ela ficou furiosa comigo.

*He **raged against** art critics who view graffiti as a form of art.*
Ele se insurgia contra os críticos de arte que consideram o grafite como uma forma de arte.

RAILROAD INTO

forçar, pressionar

*She felt she was being **railroaded into** a decision.*
Ela sentia que estava sendo pressionada a tomar uma decisão.

RANKLE WITH

causar mágoa ou ressentimento

*The way she left him still **rankled with** him.*
O modo como ela o deixou ainda lhe causava uma grande mágoa.

RANSACK FOR

procurar ou revistar com violência e sem cuidado

*As soon as they shut the door I began to **ransack** the office **for** the tapes.*
Assim que eles fecharam a porta, eu comecei a vasculhar o escritório à procura das fitas.

RAT ON

delatar, denunciar

*Then he realized he had been **ratted on**.*
Aí ele percebeu que tinha sido delatado.

descumprir

*I'll never understand why he **ratted on** the deal.*
Eu nunca vou entender por que ele deixou de cumprir o acordo.

RATION TO

racionar, controlar o fornecimento

*During the war sugar and bread were **rationed to** half a pound per week.*
Durante a guerra o açúcar e o pão foram racionados a meia libra por semana.

READJUST TO

reajustar, reajustar-se, reintegrar-se

*It didn't take him long to **reajust to** his life again.*
Não demorou muito para ele se readaptar à sua vida de novo.

REAPPLY FOR

solicitar, requerer de novo

*I was told I would have to **reapply for** my green card.*
Disseram-me que eu teria de solicitar meu green card de novo.

REASSURE ABOUT/OF

tranquilizar, acalmar, assegurar

*We were trying to **reassure** her family **about** her whereabouts.*

Estávamos tentando tranquilizar a família a respeito do paradeiro dela.

REBEL AGAINST

revoltar-se, rebelar-se

*He **rebelled against** the party line and was expelled in 2009.*
Ele se rebelou contra a linha do partido e foi expulso em 2009.

RECOMPENSE FOR

compensar, indenizar, recompensar

*I wanted to **recompense** him **for** the inconvenience.*
Eu queria indenizá-lo pelo transtorno.

RECONCILE TO

resignar-se, conformar-se

*He could not **reconcile** himself **to** the thought of losing her.*
Ele não podia se conformar com a ideia de perdê-la.

RECONCILE WITH

conciliar, harmonizar

*He found it difficult to **reconcile** his political ideals **with** the choices he would have to make.*

Ele achava difícil conciliar seus ideais políticos com as decisões que ele teria de tomar.

RECOVER FROM

recuperar-se

*Thank God he's **recovering from** his illness.*
Graças a Deus ele está se recuperando da doença.

RECUPERATE FROM

recuperar-se, melhorar

*She is still in bed, **recuperating from** an operation on her shoulder.*
Ela ainda está de cama, recuperando-se de uma cirurgia no ombro.

REDOUND TO

contribuir para aumentar o prestígio, a fama ou o lucro

*He was that kind of man who is always looking for anything that might **redound to** his profit.*
Ele era aquele tipo de homem que está sempre procurando qualquer coisa que possa redundar em seu proveito.

REEK OF

cheirar mal

*'You **reek of** booze,' she complained.*
"Você está cheirando a bebida", ela reclamou.

REFER TO

referir-se

*He often **refers to** himself as the most honest politician this country has ever had.*
Ele sempre se refere a si mesmo como o político mais honesto que este país já teve.

mencionar

*During her interview not even once did she **refer to** the months she spent in captivity.*
Durante a entrevista, ela não mencionou uma única vez os meses que passou no cativeiro.

encaminhar

*Why did he have to be **referred to** a mental institution?*
Por que ele precisou ser encaminhado a um hospital de doentes mentais?

REFRAIN FROM

abster-se, refrear-se

*He **refrained from** giving them a piece of his mind.*
Ele se conteve para não dizer umas verdades a eles.

REGALE WITH

regalar, brindar

*She **regaled** them **with** some of her hits.*
Ela os brindou com alguns de seus grandes sucessos.

REGRESS TO

regredir

*Our economy has **regressed to** the same level as it was before the crisis.*
Nossa economia voltou ao mesmo nível em que estava antes da crise.

REIGN OVER

reinar

*Dom Pedro II **reigned over** Brazil from 1840 to 1889.*
Dom Pedro II reinou sobre o Brasil de 1840 a 1889.

REINVEST IN

reinvestir

*Seven billion dollars will be **reinvested in** the building of a new hydroelectric plant on the Fox River.*
Serão reinvestidos sete bilhões de dólares na construção de uma nova usina hidrelétrica no rio Fox.

REJOICE AT/IN/OVER

alegrar-se

*Everybody in Brazil **rejoiced over** the choice of Rio de Janeiro as the host city of the Olympic Games in 2016.*
Todo o mundo no Brasil ficou contente com a escolha do Rio de Janeiro como sede dos Jogos Olímpicos de 2016.

RELAPSE INTO

ter uma recaída, voltar aos maus hábitos

*She **relapsed into** alcohol after the death of her eight-month-old baby.*
Ela voltou a beber depois da morte de seu bebê de oito meses.

RELATE TO

relacionar, estabelecer uma relação

Praying is the way through which we ***relate to*** God.
A oração é o caminho através do qual nos relacionamos com Deus.

relacionar-se

A good teacher is a professional who is able to ***relate to*** *his or her pupils with respect and patience.*
Um bom professor é o profissional que é capaz de se relacionar com seus alunos com respeito e paciência.

relatar, contar

She ***related*** *an extraordinary story* ***to*** *the judge.*
Ela contou ao juiz uma história extraordinária.

RELEGATE TO

relegar, pôr em segundo plano

This government has apparently ***relegated*** *culture* ***to*** *a secondary level of importance.*
Parece que este governo relegou a cultura a um nível de importância secundário.

RELINQUISH TO

renunciar, abrir mão

*The President decided to **relinquish** power **to** the leader of the Opposition.*
O presidente decidiu renunciar em favor do líder do partido de oposição.

RELY ON/UPON

confiar, contar

*He's a man you can totally **rely on**.*
Ele é um homem em quem você pode confiar totalmente.

REMIND OF

lembrar, fazer lembrar

*That perfume **reminded** me **of** her.*
Aquele perfume me fez lembrar dela.

REMINISCE ABOUT

lembrar, recordar

*One day you start **reminiscing about** your childhood. That's when you realize you're getting old.*
Um dia você começa a recordar sua infância. É aí que você percebe que está ficando velho.

REMIT TO

remeter, enviar dinheiro

*I can assure you that the money will be **remitted to** you in full.*
Posso lhe garantir que o dinheiro lhe será enviado sem desconto.

devolver para uma instância inferior

*The case was **remitted to** the magistrate for a rehearing.*
O caso foi devolvido ao juiz de primeira instância para uma nova audiência.

REMONSTRATE WITH/ABOUT

protestar, reclamar

*He wanted to **remonstrate with** the manager **about** the room service.*
Ele queria reclamar com o gerente a respeito do serviço de quarto.

REMOVE FROM

remover, tirar

*Don't **remove** the batteries **from** the charger until they are fully charged.*
Não tire as pilhas do carregador até que elas estejam completamente carregadas.

destituir

*I think he should be **removed from** his job for sheer incompetence.*
Eu acho que ele tinha de ser demitido por absoluta incompetência.

REMUNERATE FOR

remunerar, pagar

*All the families who had hosted the members of the Resistance during the Nazi occupation were **remunerated for** their help.*
Todas as famílias que tinham hospedado os membros da Resistência durante a ocupação nazista foram remuneradas por sua cooperação.

RENDEZVOUS WITH

encontrar-se

*That night he said he would **rendezvous with** Helen.*
Naquela noite ele disse que ia se encontrar com a Helen.

RENEGE ON

descumprir

*I'll never understand why he **reneged on** the agreement.*
Eu nunca vou entender por que ele deixou de cumprir o acordo.

REPENT OF

arrepender-se

*He died in prison and never **repented of** his crime.*
Ele morreu na prisão e nunca se arrependeu do seu crime.

REPLACE WITH/BY

substituir, trocar

*The attempt to **replace** coffee **with** other crops has failed completely.*
A tentativa de substituir o café por outras lavouras fracassou completamente.

*She broke her leg and had to be **replaced by** a standby.*
Ela quebrou a perna e precisou ser substituída por uma outra atriz.

REPLY TO

responder

*Aren't you going to **reply to** his letter?*
Você não vai responder à carta dele?

REPORT ON/TO

relatar, contar

*Any information relevant to the case must be **reported to** the police as soon as possible.*

Qualquer informação pertinente ao caso deve ser relatada à polícia o mais rapidamente possível.

I couldn't fail to notice the unusual circumstances ***reported on*** *the murder of the journalist.*
Não pude deixar de observar as estranhas circunstâncias referentes ao assassinato do jornalista.

REPROACH FOR

criticar, censurar, reprovar

Her family ***reproached*** *her* ***for*** *her extravagant life style.*
A família dele não aprovava seu extravagante estilo de vida.

culpar-se, envergonhar-se

I've got nothing to ***reproach*** *myself* ***for****!*
Não tenho do que me envergonhar!

REPROVE FOR

criticar, censurar, reprovar

No one ***reproved*** *him* ***for*** *what he said.*
Ninguém o criticou pelo que ele disse.

RESCUE FROM

salvar

A six-year-old girl was ***rescued from*** *beneath the debris of a kindergarten yesterday.*

Uma garotinha de seis anos foi salva dos escombros de um jardim de infância ontem.

RESEARCH INTO

pesquisar

A few years ago I began to ***research into*** *the flora and fauna of the Atlantic rainforest.*
Alguns anos atrás eu comecei a pesquisar a fauna e a flora da Mata Atlântica.

RESORT TO

recorrer, apelar

Like all politicians, he too ***resorted to*** *dubious statistical figures to say the least in his campaign.*
Como todo político, ele também recorreu a dados estatísticos no mínimo duvidosos em sua campanha.

RESPOND TO

responder, dar uma resposta

In my opinion the government has been unable to ***respond to*** *social change.*
Na minha opinião, o governo tem sido incapaz de dar uma resposta às mudanças sociais.

reagir

*I'm afraid the patient is not **responding to** the therapy.*
Acho que o paciente não está reagindo à terapia.

RESTOCK WITH

reabastecer, repor o estoque

*Being an angler myself, I'd love to see the old lake **restocked with** fish.*
Sendo eu próprio um amante da pesca, adoraria ver o velho lago cheio de peixes de novo.

RESTORE TO

restaurar, restabelecer, recuperar

*The old school has been **restored to** its original character.*
A velha escola foi restaurada, recuperando seu aspecto original.

restituir, devolver

*Only after the end of the war was his land **restored to** him.*
Só depois do fim da guerra é que as terras lhe foram devolvidas.

RESTRAIN FROM

impedir, conter, refrear

*He could not **refrain** himself **from** correcting her.*
Ele não conseguiu se conter e corrigiu-a.

RESTRICT TO

restringir, limitar

*Access to the premises is **restricted to** staff only.*
O acesso às dependências é restrito apenas aos funcionários.

RESULT FROM/IN

resultar

*The infection **resulted from** the scratch of a cat.*
A infecção resultou do arranhão de um gato.

*The protests **resulted in** the government cancelling the increase on tariffs.*
Os protestos resultaram no cancelamento, por parte do governo, do aumento das tarifas.

RETALIATE AGAINST

revidar, retaliar

*Brazil has announced its intention to **retaliate against** the US for its cotton subsidies.*
O Brasil anunciou sua intenção de retaliar os Estados Unidos por sua política de subsídios ao algodão.

RETRIEVE FROM

recuperar, reaver

*My son taught me to **retrieve** data **from** files.*
Meu filho me ensinou a recuperar dados de arquivos.

*The poor victim's hand was **retrieved from** the mouth of the crocodile.*
A mão da pobre vítima foi retirada da boca do crocodilo.

RETURN TO/FROM

voltar, retornar, regressar

*When he **returned to** the hotel the police were already there.*
Quando ele voltou ao hotel a polícia já estava lá.

*They have just **returned from** their farm.*
Eles acabaram de voltar da fazenda.

devolver, restituir

Anyone else finding such a lot of money at an airport would not have ***returned*** *it* ***to*** *its legitimate owner.*
Qualquer outro que achasse tanto dinheiro num aeroporto não o teria restituído ao seu legítimo dono.

REVEL IN

deleitar-se, deliciar-se

We all ***revelled in*** *her photos.*
Nós todos adoramos as fotos dela.

REVENGE ON

vingar-se

The ghost of Hamlet's father urges him to ***revenge*** *himself* ***on*** *the new King.*
O fantasma do pai de Hamlet insiste para que ele se vingue do novo rei.

REVERT TO

voltar ao

His heart takes about three minutes to ***revert to*** *normal rhythm after a workout session.*
Seu coração leva cerca de três minutos para voltar ao ritmo normal após uma sessão de ginástica.

REVILE FOR

odiar, desprezar

*Atkins diet, much **reviled for** the past few years, is back into fashion.*
A dieta Atkins, desprezada nos últimos anos, voltou à moda.

REVOLT AGAINST

revoltar-se

*The peasants were the first to **revolt against** the new tax.*
Os camponeses foram os primeiros a se revoltar contra o novo imposto.

REVOLVE AROUND

girar

*My mother's life, like the lives of most women at that time, **revolved around** the home.*
A vida da minha mãe, como a vida da maioria das mulheres daquele tempo, girava em torno do lar.

*How many times a day does a satellite **revolve around** the Earth?*
Quantas vezes por dia um satélite gira em torno da Terra?

REWARD FOR/WITH

recompensar, premiar

Mark Fiore was the first online journalist to be ***rewarded with*** *a Pulitzer Prize for his work in animated videos.*
Mark Fiore foi o primeiro jornalista on-line a ser agraciado com o Prêmio Pulitzer por seu trabalho com vídeos de animação.

RHAPSODIZE ABOUT/OVER

falar ou escrever com grande entusiasmo

He sat down and began to ***rhapsodize about*** *Portugal.*
Ele sentou-se e começou a falar animadamente de Portugal.

RHYME WITH

rimar

'My' ***rhymes with*** *'rye'.*
"My" rima com "rye".

RIB ABOUT/FOR

caçoar

My friends used to ***rib*** *me* ***about*** *my redneck accent.*
Meus amigos costumavam caçoar de mim por causa do meu sotaque de caipira.

RID OF

livrar, livrar-se

It is about time to ***rid*** *Brasilia* ***of*** *corrupt practices.*
Já é hora de livrar Brasília de práticas corruptas.

RIDDLE WITH

fazer muitos furos

The main door was ***riddled with*** *bullets.*
A porta principal ficou crivada de balas.

RIFFLE THROUGH

folhear rapidamente

He sat down in the waiting room and began to ***riffle through*** *a week-old magazine.*
Ele sentou-se na sala de espera e começou a folhear uma revista da semana anterior.

RIFLE THROUGH

procurar, examinar, vasculhar

He ***rifled through*** *the documents in the hope of finding out if his uncle had left a will.*
Ele vasculhou os papéis na esperança de descobrir se o seu tio tinha deixado um testamento.

ROOM WITH

morar com alguém, dividir um quarto com alguém

Natalie has broken up with Peter, but she's still ***rooming with him****.*
A Natalie terminou com o Peter, mas eles ainda estão dividindo o mesmo apartamento.

RUMINATE ABOUT/ON/OVER

ruminar, pensar, refletir

Sherlock Holmes spent hours ***ruminating about*** *a solution to that strange case.*
Sherlock Holmes passou horas imaginando uma solução para aquele estranho caso.

RUMMAGE THROUGH

procurar, revistar, remexer

As soon as he left she started ***rummaging through*** *his things.*
Assim que ele saiu, ela começou a mexer nas coisas dele.

SACRIFICE FOR

sacrificar

They ***sacrificed*** *their lives* ***for*** *us.*
Eles sacrificaram a vida por nós.

SAFEGUARD FROM

salvaguardar, proteger, defender

*It was an attempt to **safeguard** taxpayers **from** the impact of the new regulations.*
Foi uma tentativa para proteger os contribuintes do impacto das novas normas.

SALAAM TO

cumprimentar alguém à moda muçulmana, inclinando-se para a frente e tocando a testa com a mão direita

*The visitor dropped to his knees and **salaamed to** the ruler of Dubai.*
O visitante ajoelhou-se e saudou o soberano de Dubai.

SALLY FORTH

sair, partir

*The shepherd used to **sally forth** very early in the morning and only came back at dusk.*
O pastor saía bem cedo de manhã e só voltava ao entardecer.

SALVAGE FROM

salvar algo de um incêndio, naufrágio, desabamento etc.

Many valuable relics have been ***salvaged from*** *a 16th century sunken merchant vessel in the North Sea.*
Muitas relíquias valiosas foram resgatadas de um navio mercante do século XVI, que afundou no Mar do Norte.

SATURATE WITH/IN

saturar

The consumer market is ***saturated with*** *goods that nobody wants to buy.*
O mercado consumidor está saturado de produtos que ninguém quer comprar.

ensopar, encharcar

He was lying on the ground, and his shirt was ***saturated in*** *blood.*
Ele estava deitado no chão e sua camisa estava encharcada de sangue.

SCAPEGOAT FOR

transformar alguém em bode expiatório

Speculators are being ***scapegoated for*** *the current economic difficulties in Greece.*

Os especuladores estão sendo responsabilizados pelas atuais dificuldades econômicas da Grécia.

SCAVENGE FOR

procurar comida

*Crabs come out of their burrows at low tide to **scavenge for** food.*
Os caranguejos saem de suas tocas na maré baixa em busca de comida.

SCHOOL IN

treinar, ensinar

*She looked perfectly all right, for she was **schooled in** hiding her emotions.*
Ela parecia perfeitamente bem, pois estava treinada em esconder suas emoções.

SCOWL AT

franzir o cenho, fazer cara feia

*He picked up the letter from the floor and then **scowled at** us.*
Ele pegou a carta do chão e olhou feio para nós.

SCUFFLE WITH

brigar

*The leader of the band **scuffled with** photographers as he was leaving the hotel.*
O líder da banda brigou com os fotógrafos na saída do hotel.

SECEDE FROM

separar-se de um país ou de uma organização

*The Northern League, a very strong political power in Italy, wants to **secede from** Rome.*
A Liga do Norte, um partido político muito forte na Itália, quer se separar de Roma.

SECLUDE FROM

separar, isolar

*Their house was small, and **secluded from** the road by tall trees.*
A casa deles era pequena e isolada da estrada por meio de árvores altas.

SEGREGATE FROM

segregar, isolar, separar

*It looked as if they were **segregating** drug addicts **from** other patients.*

Era como se eles estivessem separando os viciados em drogas dos demais pacientes.

SENSITIZE TO

sensibilizar, conscientizar

*Their job is to **sensitize** world leaders **to** environmental waste management.*
O trabalho deles consiste em conscientizar os líderes mundiais a respeito do controle do lixo ambiental.

SENTENCE TO

sentenciar, condenar

*'Howard Bates,' said the judge, 'I **sentence** you **to** death.'*
"Howard Bates", disse o juiz, "eu o condeno à morte."

SEPARATE FROM

separar

*She spent the worst winter of her life, **separated from** everyone she loves.*
Ela passou o pior inverno da vida dela, separada de todos a quem ela ama.

SEVER FROM

cortar, decepar, amputar

The blade almost ***severed*** *his arm.*
A lâmina quase decepou seu braço.

He was clearly trying to ***sever*** *the ties with the past.*
Ele estava visivelmente tentando cortar os laços com o passado.

SHAPE INTO

moldar, modelar

The Bronze Age men discovered that an alloy of tin and copper could be ***shaped into*** *knives and other tools.*
Os homens da Idade do Bronze descobriram que uma liga de estanho e cobre podia ser transformada em facas e outros instrumentos.

SHARE AMONG/BETWEEN

dividir, compartilhar, repartir

It was decided that the inheritance would be ***shared between*** *the Spencers and the Munroes.*
Ficou decidido que a herança seria dividida entre os Spencers e os Munroes.

That year the Nobel Prize for Medicine was ***shared among*** *two Chinese doctors and an American researcher.*

Naquele ano o Prêmio Nobel de Medicina foi dividido entre dois médicos chineses e um pesquisador americano.

SHIELD FROM

proteger

*The tall trees **shielded** the carrots, onions and tomatoes **from** the sun.*
As árvores altas protegiam as cenouras, cebolas e tomates do sol.

SHIVER WITH

tremer de frio ou de medo

*That morning she woke up, **shivering with** cold.*
Naquela manhã ela acordou tremendo de frio.

*When he heard his name called, he stood up, **shivering with** fear.*
Quando ele ouviu seu nome sendo chamado, ele levantou-se, tremendo de medo.

SHORT-LIST FOR

relacionar, fazer uma lista de candidatos a um cargo ou a um prêmio

*Four proposals have been **shortlisted for** the project.*
Quatro propostas foram selecionadas para o projeto.

SHROUD IN

envolver, encobrir

The hills were ***shrouded in*** *heavy mist.*
As montanhas estavam encobertas por uma forte neblina.

SHUDDER WITH

tremer, estremecer, arrepiar-se, balançar

As I glanced at him, I ***shuddered with*** *fear.*
Ao olhar de relance para ele, eu estremeci de medo.

SHY AT

assustar-se, refugar

My horse used to be very spooky and would ***shy at*** *anything.*
Meu cavalo se assustava fácil e refugava diante de qualquer coisa.

SIMPER AT

sorrir de maneira tola ou vazia

'Of course,' she said, ***simpering at*** *them. 'I was just kidding.'*
"É claro", ela disse, dando um sorrisinho para eles. "Eu só estava brincando."

SIN AGAINST

pecar

Joan of Arc was sentenced to death at the stake for ***sinning against*** *God.*
Joana d'Arc foi condenada à morte na fogueira por pecar contra Deus.

SKIMP ON

reduzir as despesas, economizar cada centavo

You may be short of money at the moment but please don't ***skimp on*** *your medication.*
Você pode estar sem dinheiro no momento, mas por favor não faça economia com os seus remédios.

SKIRMISH WITH

lutar, brigar

The strikers ***skirmished with*** *the police outside the Town Hall.*
Os grevistas entraram em choque com a polícia em frente à prefeitura.

SKIVVY FOR

trabalhar como uma empregada

She was not willing to ***skivvy for*** *anybody any more.*

Ela não estava disposta a trabalhar feito uma escrava para ninguém.

SLOBBER OVER

babar, salivar

*My dog is constantly **slobbering over** my sofa, well, his sofa!*
Meu cachorro vive babando no meu sofá, bem, no sofá dele, né!

SLOSH AROUND

mover-se, revirar, circular, chapinhar

*The workers **sloshed around** the filthy floor of the factory in rubber boots.*
Os operários, usando botas de borracha, circulavam pelo chão imundo da fábrica.

SLOT IN/INTO

enfiar algo dentro de uma fenda

*She **slotted** the disc **into** the DVD player and sat down in her favorite armchair.*
Ela enfiou o disco no aparelho de DVD e sentou-se em sua poltrona predileta.

SMART FROM

sofrer, ficar magoado

*She was still **smarting from** his ironical comments.*
Ela ainda estava magoada com os comentários irônicos dele.

sentir dor

*His eyes were **smarting from** the cigarette smoke.*
Seus olhos estavam ardendo por causa da fumaça de cigarro.

SMILE AT

sorrir

*She **smiled at** the child and said, 'Come here.'*
Ela sorriu para a criança e disse: "Venha aqui."

SMIRK AT

sorrir com hipocrisia, malícia etc.

*She **smirked at** them hypocritically and said, 'Let the best man win.'*
Sorrindo hipocritamente para eles, ela disse: "Que vença o melhor".

SMOTHER WITH

asfixiar, sufocar

*Poisoned with jealousy, Othello **smothers** Desdemona **with** a pillow.*
Louco de ciúme, Otelo mata Desdêmona, sufocando-a com um travesseiro.

diminuir ou apagar o fogo, jogando algo em cima

*He **smothered** the flames **with** his jacket.*
Ele apagou as chamas com o seu paletó.

SNACK ON

lanchar, comer lanche

*Instead of burgers and fries, you should **snack on** raw vegetables and fruit.*
Ao invés de hambúrguer e batatinha frita, você devia comer verdura e fruta.

SNAG ON

rasgar

*She **snagged** her dress **on** a thorn.*
Ela rasgou o vestido num espinho.

prender, ficar preso

The fisherman's hook ***snagged on*** *something on the river bed.*
O anzol do pescador ficou preso em alguma coisa no fundo do rio.

SNARL AT

rosnar

The Alsatian ***snarled at*** *the stranger.*
O pastor alemão rosnou para o estranho.

falar rispidamente

'Stop that, will you?' he ***snarled at*** *her.*
"Pare com isso!" ele lhe disse com rispidez.

SNEER AT

zombar, escarnecer, demonstrar desprezo ou falta de consideração pela expressão do rosto

There I met a waitress called Mildred who was always ***sneering at*** *me without meeting my eye.*
Lá eu conheci uma garçonete chamada Mildred, que sempre me olhava com desprezo, sem na verdade me encarar.

SNICKER AT

rir escondido, rir de forma desrespeitosa

*When Susan Boyle walked onto the stage, everybody **snickered at** her.*
Quando Susan Boyle subiu ao palco, todo mundo riu dela.

SNIPE AT

disparar de onde o inimigo não possa ver

*In Iraq American soldiers are **sniped at,** almost daily, by an unseen enemy.*
No Iraque, os soldados americanos são alvo de atiradores escondidos quase que todos os dias.

criticar, lançar acusações

*She deeply despised those who **sniped at** her talent as an actress.*
Ela tinha o mais profundo desprezo por aqueles que criticavam seu talento como atriz.

SNOOP AROUND/ON

bisbilhotar, xeretar

*'Have you finished **snooping around** my place now?,' he asked her.*
"Já terminou de xeretar minha casa?", ele perguntou a ela.

espionar

*He hired a private detective to **snoop** on his wife.*
Ele contratou um detetive particular para vigiar a esposa.

SORROW FOR/OVER

sofrer, lamentar-se

*We all **sorrowed over** the loss of the great actor.*
Todos nós sentimos muito a morte do grande ator.

SPAR WITH

fazer treinamento de boxe

*I think he's ready now to **spar with** a professional boxer.*
Acho que ele já está em condições de treinar com um boxeador profissional.

discutir

*'I'm not in the mood for **sparring with** you, Harry. Not tonight', she said.*
"Eu não estou a fim de brigar com você, Harry. Hoje não", ela disse.

SPARKLE WITH

brilhar, cintilar

*His eyes **sparkled with** envy but he kept quiet.*
Seus olhos brilhavam de inveja, mas ele não disse nada.

SPECIALIZE IN

especializar-se, tornar-se especialista

*She **specializes in** quantum physics.*
Ele é especialista em física quântica.

SPECTATE AT

observar, assistir a uma competição esportiva

*Thousands of people were standing in the streets, **spectating at** St. Silvester road race.*
Milhares de pessoas estavam nas ruas, acompanhando a corrida de São Silvestre.

SPECULATE ABOUT/ON/UPON

pensar, refletir, meditar

*I couldn't help **speculating about** what might have happened if she had said yes that night.*
Eu não podia deixar de pensar no que poderia ter acontecido se ela tivesse dito sim naquela noite.

SPIRIT AWAY/OFF/OUT OF

sumir de repente, fazer desaparecer

Much of the wooden bridge had been ***spirited away*** *by local farmers, who used its wood to build barns.*
Quase toda a ponte tinha sido levada pelos lavradores locais, que usaram a madeira para levantar celeiros.

SPIT AT

cuspir

The sign said, 'Don't ***spit*** *on the stairs.'*
O aviso dizia: "Não cuspa na escada."

SPLAY OUT

esticar, alargar

When a moose comes down a steep slope, it ***splays out*** *its toes so as to 'grasp' the ground more firmly.*
Quando um alce desce uma escarpa íngreme, ele abre seus dedos para "agarrar-se" ao solo com mais firmeza.

SPLURGE ON

gastar dinheiro a rodo, torrar dinheiro

She ***splurged*** *about 18,000 dollars* ***on*** *clothes in just one weekend!*

Ela gastou cerca de 18.000 dólares em roupas em apenas um fim de semana!

SPROUT FROM

brotar, nascer, crescer

*Some plant seeds **sprout from** horse dung.*
Algumas sementes brotam do esterco de cavalo.

SQUABBLE ABOUT/OVER

brigar, discutir

*They started **squabbling about** who should pay the bill.*
Eles começaram a discutir para ver quem devia pagar a conta.

SQUANDER ON

desperdiçar, dissipar

*He **squandered** a fortune **on** the roulette tables.*
Ele torrou uma fortuna nas mesas de roleta.

STARE AT

olhar fixamente, encarar

*I don't like being **stared at**.*
Não gosto que fiquem olhando para mim.

STASH AWAY

esconder

*They say Papa Doc may have **stashed away** billions of dollars in the U.S and Switzerland.*
Dizem que Papa Doc talvez tenha escondido bilhões de dólares nos Estados Unidos e na Suíça.

STICK TO

apegar-se, concentrar-se

*Choose one theme and **stick to** it, for God's sake!*
Escolha um tema e concentre-se nele, pelo amor de Deus!

SUBDIVIDE INTO

subdividir

*The course consists of four modules, each of which is **subdivided into** two units.*
O curso consiste de quatro módulos, cada um dos quais é subdividido em duas unidades.

SUBJECT TO

submeter

*Patients were not told that they were being **subjected to** high doses of radiation.*

Os pacientes não foram avisados que estavam sendo submetidos a altas doses de radiação.

SUBLET TO

sublocar, alugar um imóvel alugado a terceiros

*The apartment was **sublet to** a friend of his.*
O apartamento foi sublocado a um amigo dele.

SUBMIT TO

submeter, apresentar

*The plan will be **submitted to** local authorities for approval.*
O plano será submetido às autoridades locais para fins de aprovação.

submeter-se, sujeitar-se

*Prisoners were **submitted to** humiliation, which is absolutely unacceptable.*
Os prisioneiros foram submetidos a humilhações, o que é absolutamente inaceitável.

SUBORDINATE TO

subordinar

*All our decisions must be **subordinated to** the reality of facts.*

Todas as nossas decisões devem subordinar-se à realidade dos fatos.

SUBSIST ON

subsistir, sobreviver, viver com pouca comida ou pouco dinheiro

After her husband's death, she ***subsisted on*** *casual labour.*
Depois da morte do marido, ela passou a viver de trabalhos ocasionais.

SUBSTITUTE FOR

substituir

Now that Miss Smith was ill, Mr. Peterson himself would have to ***substitute for*** *her.*
Agora que a senhorita Smith estava doente, o próprio senhor Peterson teria que substituí-la.

SUBSUME INTO/UNDER/WITHIN

agrupar, fundir-se

Housing and schooling have been ***subsumed into*** *one general program.*
Habitação e educação se fundiram num único programa geral.

SUBTRACT FROM

subtrair, deduzir

*The commission paid to the realtor has to be **subtracted from** the profit of the sale.*
A comissão paga ao corretor terá de ser deduzida do lucro da venda.

SUCCUMB TO

sucumbir, não resistir

*We all **succumbed to** his charm.*
Todas nós sucumbimos ao seu charme.

SUCKER INTO

enganar, tapear

*Once again he was **suckering** me **into** doing what I didn't want to do.*
Mais uma vez ele estava me tapeando e me levando a fazer o que eu não queria.

SUFFER FROM

sofrer

*I **suffer from** asthma.*
Eu sofro de asma.

SUPERIMPOSE ON

sobrepor, superpor

*The general **superimposed** concentric circles **on** the targets shown on the transparency.*
O general sobrepôs círculos concêntricos sobre os alvos mostrados na transparência.

SUPPLY WITH

fornecer, suprir, abastecer

*We used to **supply** them **with** eggs from our battery farm.*
Nós lhes fornecíamos ovos da nossa granja.

SURRENDER TO

render-se, entregar-se

*Winston Churchill swore to never **surrender to** the enemy.*
Winston Churchill jurou que jamais se renderia ao inimigo.

SWATHE IN

enfaixar, cobrir com pano

*She looked gorgeous, **swathed in** a long woolen scarf.*
Ela estava fantástica, enrolada num longo cachecol de lã.

SWEET TALK INTO

bajular uma pessoa para convencê-la a fazer algo

*She was **sweet talking** her kidnapper **into** letting her go.*
Ela estava tentando convencer o sequestrador a soltá-la.

SWIPE AT

bater ou tentar bater

*He went up to Ann with intent to **swipe at** her but stumbled on the carpet and fell to the floor.*
Ele avançou para cima da Ann com a intenção de bater nela, mas tropeçou no tapete e caiu no chão.

atacar, criticar veementemente

*In his article, he **swipes at** the evils of fanaticism, either religious or political.*
Em seu artigo, ele critica os males do fanatismo, seja religioso, seja político.

SWOOP ON

atacar, precipitar-se

*She sat by the lake, watching the kingfishers **swoop on** the fish underwater.*
Ela sentou-se à beira do lago, e ficou observando os martins-pescadores descendo velozmente para apanhar os peixes debaixo d'água.

*Larry Peters was arrested by a team of police officers who **swooped on** his home on 25 Shaw Street yesterday morning.*
Larry Peters foi preso ontem de manhã por uma equipe de policiais que invadiram sua casa na rua Shaw, nº 25.

SYMPATHIZE WITH

demonstrar compreensão, solidariedade

*She's been through a terrible experience, and I **sympathize with** her.*
Ela passou por uma experiência terrível, e pode contar com a minha solidariedade.

T

TAINT WITH

manchar, corromper

*Accused of being **tainted with** capitalist ideas, he claimed the right to be silent.*
Acusado de estar corrompido por ideias capitalistas, ele reivindicou o direito de permanecer calado.

contaminar

*The fish distributed in Denver was **tainted with** salmonella.*
O peixe distribuído em Denver estava contaminado por salmonela.

TALLY WITH

coincidir, bater

*His version of the facts doesn't **tally with** the testimony of the witness.*
Sua versão dos fatos não coincide com o depoimento da testemunha.

TAMP DOWN

calcar com os dedos ou com um instrumento

*The old sailor **tamped down** the tobacco with his thumb.*
O velho marinheiro comprimiu o tabaco do cachimbo com o polegar.

abafar, sufocar, conter

*She **tamped down** her fear and didn't say a word.*
Ela conteve o medo e não disse uma palavra.

TAMPER WITH

adulterar, interferir, mexer

*He was charged with trying to **tamper with** his uncle's will.*
Ele foi acusado de tentar adulterar o testamento do seu tio.

TARGET AT

visar, dirigir

*The new model is **targeted at** a very specific market.*
O novo modelo visa a um mercado muito específico.

TASK WITH

incumbir, encarregar

*A special force was **tasked with** the policing of the stadium.*
Uma força especial foi designada para policiar o estádio.

TAUNT WITH

ofender, insultar, xingar

*The kids would **taunt** him **with** the nickname 'Eddie Four eyes'.*
As crianças o xingavam de "Eddie Quatro olho".

TEEM WITH

ter em abundância, estar repleto de

*That sponge must be **teeming with** germs.*
Aquela esponja deve estar cheia de germes.

TELESCOPE INTO

reduzir, condensar

His years in prison could be ***telescoped into*** *a couple of sentences.*
Os anos que ele passou na prisão podiam ser condensados em uma ou duas sentenças.

TEMPT INTO

tentar, provocar tentação

He felt ***tempted into*** *gambling even more money.*
Ele se sentiu tentado a jogar ainda mais dinheiro.

TESTIFY FOR/AGAINST

testemunhar

She refused to ***testify against*** *him.*
Ela se recusou a testemunhar contra ele.

Captain Sloan will ***testify for*** *the three soldiers on the death of Corporal Patrick Jones.*
O Capitão Sloan vai testemunhar a favor dos três soldados a respeito da morte do cabo Patrick Jones.

TESTIFY TO

provar, comprovar, demonstrar

*Those letters **testify to** his influence on his sister's life.*
Essas cartas comprovam a influência dele na vida de sua irmã.

TETHER TO

prender um animal a um poste ou cerca

*You can **tether** your horse **to** that post over there.*
Você pode prender o seu cavalo naquele poste ali.

THANK FOR

agradecer

*I'd like to **thank** you all **for** your support and encouragement.*
Gostaria de agradecer a todos por seu apoio e estímulo.

THEORIZE ABOUT

teorizar

*What's the use of **theorizing about** life and death?*
Para que teorizar sobre a vida e a morte?

THINK ABOUT/OF

pensar

*I've been **thinking about** her lately.*
Eu ando pensando nela ultimamente.

achar, ter uma opinião

*What do you **think of** him?*
O que você acha dele?

THRIVE ON

prosperar, desenvolver-se, florescer

*Some plants simply don't **thrive on** clay soil.*
Algumas plantas simplesmente não se desenvolvem em solo argiloso.

THROB WITH

latejar

*My head was **throbbing with** pain.*
Minha cabeça latejava de dor.

THROW AT/TO

jogar, atirar, arremessar, passar

*The boys began to **throw** stones **at** the old horse.*
Os meninos começaram a jogar pedras no velho cavalo.

***Throw** the ball **to** him.*
Jogue a bola para ele.

TIMETABLE FOR

programar, agendar

*Music lessons are always **timetabled for** Friday in my school.*
Na minha escola as aulas de música são sempre programadas para sexta-feira.

TINKER WITH

remendar, concertar, ajustar

*It seems that researchers have been **tinkering with** some vital global warming data.*
Parece que os pesquisadores andam manipulando alguns dados vitais a respeito do aquecimento global.

TOADY TO

bajular, puxar o saco

*I can't stand the way he **toadies to** his boss.*
Eu não aguento o jeito como ele puxa o saco do chefe.

TOG OUT/UP

vestir-se

The whole family was ***togged up*** *in their best clothes.*
A família toda estava vestida com suas melhores roupas.

TOWER ABOVE/OVER

pairar, elevar-se, dominar

The economy usually ***towers above*** *all other issues in any election campaign.*
A economia normalmente se sobrepõe a todos os outros temas em qualquer campanha eleitoral.

ser mais alto

When she stood up, she ***towered above*** *him like a statue.*
Quanto ela se levantou, parecia uma estátua perto dele, de tão alta.

TRAFFIC IN

traficar

He never admitted that he had ***trafficked in*** *drugs.*
Ele nunca admitiu que havia traficado drogas.

TRAMPLE ON

pisar, pisotear, destruir

*He **trampled on** a spider in the garden.*
Ele pisou numa aranha no jardim.

*She was willing to use her money and influence to **trample on** him.*
Ela estava disposta a usar seu dinheiro e influência para destruí-lo.

TRANSLATE INTO

traduzir

*Jorge Amado's novels have been **translated into** more than thirty languages.*
Os romances de Jorge Amado já foram traduzidos para mais de trinta línguas.

TRANSLITERATE INTO

transliterar, transcrever os caracteres de um alfabeto para outro

*The document, which had been written in the Cyrillic alphabet, had to be **transliterated into** the Latin alphabet, so that we could read it.*
O documento, que tinha sido escrito no alfabeto cirílico, teve de ser transcrito para o alfabeto latino, de modo que nós pudéssemos lê-lo.

TRANSMOGRIFY INTO

transformar, transfigurar

*He wondered if she was real, or if he had **transmogrified** her **into** an idealized image?*
Ele ficou se perguntando se ela era real, ou se ele a tinha transformado numa imagem idealizada.

TRANSMUTE INTO

transformar

*In Picasso's paintings, we clearly see his talent **transmuted into** art.*
Nos quadros de Picasso, podemos ver claramente seu talento transformado em arte.

TREMBLE WITH

tremer de medo, frio, raiva etc.

*She was **trembling with** fury.*
Ela estava tremendo de raiva.

TRESPASS ON

invadir propriedade alheia

*Don't you know it's against the law to **trespass on** other people's land?*

Você não sabe que é contra a lei invadir propriedade alheia?

abusar

*I really don't intend to **trespass on** your confidence.*
Eu realmente não pretendo abusar da sua confiança.

TRIUMPH OVER

triunfar

*Good will always **triumph over** evil.*
O bem sempre haverá de triunfar sobre o mal.

TUSSLE WITH

brigar, lutar, pegar-se a tapas

*The boys were playing in the park, laughing and **tussling with** one another for the ball.*
Os meninos estavam brincando no parque, rindo e brigando pela bola.

TWIDDLE WITH

mexer com algum objeto

*The little boy began to **twiddle with** the curtain cord.*
O garotinho começou a brincar com o cordão da cortina.

TWIN WITH

unir, irmanar

We visited Vancouver in Canada, which is ***twinned with*** *Odessa in Ukraine, where my father was born.*
Nós visitamos Vancouver, no Canadá, que é uma cidade irmã de Odessa, na Ucrânia, onde meu pai nasceu.

TWINE AROUND/ROUND

trançar, enrolar, envolver

She hugged him desperately, her arms ***twining around*** *his back so as not to let him go.*
Ela abraçou-o com desespero, os braços em volta de suas costas para que ele não partisse.

UNCOUPLE FROM

U

desengatar, desprender

The firemen shouldn't have ***uncoupled*** *their hoses* ***from*** *the hydrants.*
Os bombeiros não deviam ter tirado as mangueiras dos hidrantes.

dissociar

Some European countries are thinking of how to ***uncouple*** *the euro* ***from*** *the Greek economic crisis.*

Alguns países da Europa estão pensando em como dissociar o euro da crise econômica da Grécia.

UNDERACHIEVE IN

sair-se mal no trabalho ou na escola

*Why is it that sometimes brilliant children **underachieve in** high schools?*
Por que será que às vezes crianças brilhantes vão mal no curso secundário?

UNDERCHARGE BY

cobrar menos que o devido

*Last week my mom was **undercharged by** nine dollars at the supermarket.*
Na semana passada, o supermercado cobrou 9 dólares a menos da minha mãe.

UPGRADE TO

elevar, promover

*The village of Monte Alto was **upgraded to** a town in 1928.*
O distrito de Monte Alto foi elevado à condição de cidade em 1928.

UPHOLSTER IN/WITH

estofar, revestir

The sofas were ***upholstered in*** *dark brown leather.*
Os sofás foram revestidos de couro marrom escuro.

V

VACCINATE AGAINST

vacinar

Nowadays nobody needs to be ***vaccinated against*** *smallpox.*
Hoje em dia ninguém mais precisa ser vacinado contra a varíola.

VACILLATE BETWEEN/ON

vacilar, hesitar

The old general ***vacillated between*** *confrontation and surrender.*
O velho general vacilava entre o confronto e a rendição.

VAULT OVER

pular, apoiando-se nas mãos

The dog bit him before he could ***vault over*** *the fence.*
O cachorro o mordeu antes que ele pudesse pular a cerca.

saltar

*He broke both legs and several ribs trying to **vault over** a row of 20 cars on a motorcycle.*
Ele quebrou as duas pernas e várias costelas tentando saltar com uma moto sobre uma fileira de 20 carros.

VENEER WITH/IN

revestir de madeira, lambri, plástico etc.

*The desk was **veneered with** mahogany.*
A escrivaninha era revestida de mogno.

VENT ON

dar vazão, manifestar

*The frustrated supporters **vented** their fury **on** the referee.*
Os torcedores, frustrados, descarregaram sua raiva no juiz.

VERGE ON

beirar, estar à beira de

*His obsession for her **verged on** the psychopathic.*
Sua obsessão por ela beirava a psicopatia.

VEST IN/WITH

investir, dar autoridadc

*With the powers **vested in** me, I declare the session open.*
Com os poderes investidos em mim, eu declaro aberta a sessão.

VIE WITH

competir, lutar

*At that time cathedrals **vied with** one another to see which of them possessed the holiest relics.*
Naquele tempo as catedrais disputavam entre si para ver qual delas possuía as relíquias mais sagradas.

VOTE FOR/AGAINST/ON

votar

*The bill has not been **voted on** yet.*
O projeto ainda não foi votado.

*52% **voted for** the health care reform, 40% voted **against** it and 8% abstained.*
Cinquenta e dois por cento votaram a favor da reforma do sistema de saúde, 40% votaram contra e 8% se abstiveram.

VOUCH FOR

garantir

*I can **vouch for** his sincerity.*
Eu garanto que ele foi sincero.

responsabilizar-se, atestar

*She was by my side all the time and she can **vouch for** that.*
Ela estava comigo o tempo todo e pode atestar isso.

VOUCHSAFE TO

passar, transmitir, confiar

*He **vouchsafed to** the Prime Minister the news that had just arrived from the front.*
Ele informou o primeiro-ministro das notícias que tinham acabado de chegar do front.

W

WADE ACROSS/THROUGH

caminhar pela água ou lama

*That was the pond I used to **wade across** when I was a kid.*
Aquele era o laguinho que eu costumava atravessar a pé quando criança.

WAGE AGAINST/ON

iniciar, deflagrar

The government is considering ***waging*** *a national campaign* ***against*** *domestic violence.*
O governo está cogitando lançar uma campanha nacional contra a violência doméstica.

WAGER ON

apostar

I wondered how much he had ***wagered on*** *that horse.*
Eu queria saber quanto ele apostou naquele cavalo.

WAIL ABOUT/OVER

chorar, lamentar

Why should one ***wail about*** *something that happened such a long time ago?*
Por que alguém choraria por algo que aconteceu há tanto tempo?

WAIT FOR

esperar

What are you ***waiting for****? Go there and talk to her!*
O que você está esperando? Vá lá e fale com ela!

WALLOW IN

comprazer-se, sentir prazer

*Stop **wallowing in** self-pity, man!*
Pare de ter pena de si mesmo, homem!

chafurdar, mergulhar

*The buffaloes marched to the riverbank, where they **wallowed in** for coolness.*
Os búfalos caminharam até a beira do rio, onde mergulharam para se refrescar.

WASTE ON

desperdiçar, perder

*I've already **wasted** too much money **on** that! I'm out!*
Já gastei dinheiro demais nisso! Chega!

WAVE AT/TO

acenar

*When she saw Peter she **waved to/at** him, but he didn't see her and got on the train.*
Quando ela viu o Peter, acenou para ele, mas ele não a viu e entrou no trem.

WELCH ON

deixar de cumprir uma obrigação

*He **welched on** that deal he had agreed on a few days before.*
Ele voltou atrás quanto àquele negócio que ele havia concordado em fechar alguns dias antes.

WHINGE ABOUT/ON

lamuriar-se, reclamar

*'I'm quite happy here and there's nothing I could **whinge about**,' she wrote.*
"Estou muito contente aqui e não há nada de que eu possa me queixar", ela escreveu.

WHITTLE FROM

cortar, desbastar, entalhar

*He sat on the ground and began to **whittle** a canoe **from** an old oak trunk.*
Ele sentou-se no chão e começou a entalhar uma canoa de um velho tronco de carvalho.

WINCE AT

tremer, estremecer

*She **winced at** the sound of his voice.*
Ela estremeceu ao ouvir sua voz.

WINK AT

piscar

*When he saw her come in he **winked at** me.*
Quando ele a viu entrar, ele piscou para mim.

WITHDRAW FROM

retirar, retirar-se

*Britain has no intention to **withdraw from** the Falklands.*
A Grã-Bretanha não tem nenhuma intenção de retirar-se das ilhas Malvinas.

WOLF-WHISTLE AT

assobiar, demonstrando admiração

*Women like being **wolf-whistled at**, don't they?*
As mulheres gostam quando os homens assobiam para elas, não?

WORRY ABOUT/OVER

preocupar-se

*The only thing I **worry about** now is her health.*
A única coisa com que eu me preocupo agora é com a saúde dela.

WRANGLE ABOUT/OVER

discutir, brigar

*As dengue fever spreads over Brazil, authorities **wrangle over** who's to blame.*
Enquanto a dengue se espalha pelo Brasil, as autoridades discutem de quem é a culpa.

WREATHE IN

encobrir, cercar

*From the distance I could see the mouth of the volcano **wreathed in** clouds.*
À distância dava para ver a boca do vulcão envolto em nuvens.

WREST FROM

puxar, arrancar, tirar à força

*He managed to **wrest** a yes **from** her.*
Ele conseguiu arrancar um sim dela.

WRESTLE WITH

lutar, brigar

*She was clearly **wrestling with** her conscience.*
Era óbvio que ela estava lutando com sua própria consciência.

Y

YAMMER ON

falar sem parar, tagarelar

*There he is, **yammering on** serial killers again.*
Lá está ele, falando de novo sobre assassinos seriais.

YAP AT

latir, ganir

*The old Alsatian used to **yap at** cows.*
O velho pastor alemão costumava latir para as vacas.

tagarelar, falar sem parar

*She's constantly **yapping at** us about her late husband.*
Ela está sempre falando para nós sobre o seu falecido marido.

YEARN FOR

ansiar, desejar

*At her age what she **yearned for** most was a child.*
Na idade em que estava, o que ela mais queria era um filho.

ZONE FOR

Z

destinar uma área para um determinado fim

*The mayor promised to **zone** an area on the outskirts of the town **for** recreational use.*
O prefeito prometeu destinar uma área na periferia da cidade para fins recreativos.

Este livro foi composto na fonte Sabon e impresso em novembro de 2010
pela gráfica Cromosete, sobre papel Offset 90g/m².